Die Kunst
des
Otto Wagner

»Die Kunst des Otto Wagner«
Ausstellung 1984 an der
Akademie der bildenden Künste Wien
Wien 1, Schillerplatz 3
Mitveranstalter: Ingenieurkammer für Wien, Niederösterreich
und Burgenland

Die 400 Originalzeichnungen der Ausstellung
stammen aus dem Besitz des
Historischen Museums der Stadt Wien, des
Kupferstichkabinetts der Akademie
der bildenden Künste Wien, der
Graphischen Sammlung Albertina, der
Österreichischen Postsparkasse
und aus Privatbesitz

Ausstellungskomitee:
Franco Fonatti
Otto Antonia Graf
Helmut Heistinger
Ulrike Jenni
Gustav Peichl
August Sarnitz

Ausstellungsgestaltung:
Franco Fonatti
Helmut Heistinger
Johann Czuchajda

WIENER AKADEMIE-REIHE
BAND 16
ISBN 3-85441-009-3

DIE KUNST DES
OTTO·WAGNER

Herausgegeben
von
Gustav Peichl

Akademie der bildenden Künste, Wien

Inhalt

Otto Wagner nach einem Pastellbild von Gottlieb Th. Kempf-Hartenkampf (1896); Dauerleihgabe aus der Sammlung Asenbaum im Historischen Museum der Stadt Wien

Prolog

... Man macht der Architektur unserer Zeit den Vorwurf, daß sie im Wettlauf der Künste hinter ihren Schwestern zurückbleibt und den Bedürfnissen, die eine neue und, wie es den Anschein hat, für die Kunst vorteilhafte Gestaltung der Dinge notwendig macht, keineswegs mehr entspricht.

Gottfried Semper, 1834

Die Akademie der bildenden Künste in Wien führt mit der Ausstellung »Die Kunst des Otto Wagner« die Tradition der architektonischen Zeichnung als künstlerischen Ausdruck in der Architektur fort. Otto Wagner, der in den Jahren 1894–1912 an der Akademie der bildenden Künste einer »Specialschule für Architektur« vorstand, betonte in seinen Schriften die Bedeutung der architektonischen Zeichnung als Medium des Architekten.

In der Sammlung des Kupferstichkabinetts der Akademie befindet sich eine große Anzahl von Zeichnungen Wagners, die es, zusammen mit anderen Sammlungen von Wagner-Zeichnungen, einer größeren Öffentlichkeit zugänglich zu machen gilt.

Die Großartigkeit seiner Zeichnungen steht emanzipatorisch am Anfang des zwanzigsten Jahrhunderts – den historisierenden Darstellungen der Ringstraßen-Zeit setzt Wagner kraftvolle und gleichzeitig sensible Zeichnungen entgegen, die minutiös die Gegenstände des modernen städtischen Lebens darstellen.

Anhand von vierhundert Originalzeichnungen sollen repräsentativ die Aspekte der Architekturzeichnung Wagners dargestellt werden: einfache Bleistiftskizzen, die bewußte Entwurfszeichnung, Präsentationszeichnungen, Aquarellzeichnungen, mit Sepia überhöhte Bleistiftzeichnungen, Detailpläne sowie eine größere Anzahl von Werkplänen.

Eine Zeichnung machen bedeutet zeichnerisches Denken. Wagners Zeichnungen beinhalten Charakter, Intention und Technik. Im Charakter liegt Intelligenz, Kraft, Subtilität und »Neugierde«. Die Intention jeder Zeichnung hat – mit Wagners eigenen Worten – den Geschmack des Künstlers zu dokumentieren, und es darf nie vergessen werden, daß KÜNFTIGES, nicht Bestehendes dargestellt werden soll.

Wagner selbst war Schüler an der Akademie der bildenden
Künste, seine Lehrer waren August von Siccardsburg und Eduard van der Nüll, beide Ringstraßenarchitekten auf der Höhe
ihres Schaffens und ihres Ansehens. Siccardsburg, so erinnert
sich Wagner, nahm sich seiner Künstlerseele an und bildete das
Utilitätsprinzip in ihm aus, während van der Nüll Wagner
sowohl durch sein Zeichentalent als auch durch seine Schrift
»Andeutung über die kunstgemäße Beziehung des Ornaments
zur rohen Form« anregte.

Anhand von acht Artikeln werden in diesem Katalog unter-
schiedliche Aspekte im Werk Wagners angesprochen. Grundlage
für die Beantwortung weiterer offener Fragen bleiben jedoch
Wagners Zeichnungen selbst: durch sie wird ein Prozeß und ein
Werden der modernen Architektur dokumentiert, ein zeichnerisches Denken mit einer Vielzahl inhärenter Varianten und
Gegensätzlichkeiten. Diese großen Unterschiede können beispielsweise in den unterschiedlichen Entwürfen für die Interimskirche, Wien 1905, nachvollzogen werden, die den Phantasie-
reichtum und die Vielfalt der Architektur zeigen.

Seine Verpflichtungen als Professor an der Akademie gaben
Wagner die Gelegenheit, seine Vorstellungen auszuarbeiten und
zu formulieren. In seiner Antrittsvorlesung (1894) an der Akademie schlug er den Grundton für ein neueres Zeitalter der Architektur an:

»Der Realismus unserer Zeit muß das Kunstwerk durchdringen, . . . kein Niedergang der Kunst wird daraus resultieren,
er wird vielmehr neues, pulsierendes Leben den Formen einhau-
chen und sich mit der Zeit neue Gebiete, welche heute noch der
Kunst entbehren, wie beispielsweise das Gebiet des Ingenieurwe-
sens, erobern.«

August Sarnitz

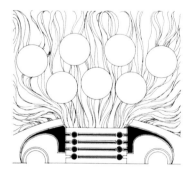

Kirche St. Leopold für die Nö. Landesirrenanstalt in Wien (Am Steinhof), 1902, Perspektive, Vorprojekt (Historisches Museum der Stadt Wien)

Wiener Stadtbahn, Wientallinie 1894–1899, Haltestelle Karlsplatz, 1898–99, Perspektive (Historisches Museum der Stadt Wien)

10

Projekt für ein Hotel, »Hotel Wien«, 1910, perspektivische Skizze (Historisches Museum der Stadt Wien)

Wettbewerbsentwurf für den Justizpalast in Wien, 1874, Perspektive (Akademie der bildenden Künste, Wien)

Friedrich Achleitner
Zu Otto Wagners Dialektik des Schönen

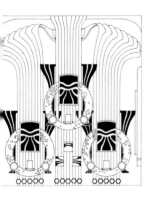

Auf Otto Wagners Werk trifft heute noch alles zu, was in Sachen Architektur »der Fall ist«. Er vermittelte auf Wiener Boden als letzter den Begriff einer universalen Architektur. Gleichzeitig trifft für seine Bauten fast nichts von dem zu, was für das Wien der Jahrhundertwende »der Fall« oder gar charakteristisch war. Wagners Architektur ist die Projektion einer ideellen Wirklichkeit in die Welt der gebauten Dinge. Selbst seine geschändetsten Objekte haben noch etwas vom Glanz einer Idee, die über ihre unmittelbare Erscheinung hinausweist. Wagners Begriff vom Schönen haftet jedoch nichts Esoterisches oder Mystisches an. Es ist ein rationaler, positivistischer, vielleicht sogar dialektischer Begriff, der mit einer Auseinandersetzung mit dem »Leben« zu tun hat, was er auch immer darunter verstanden haben mag.

Es wurde schon öfters gesagt: Otto Wagner war der Testamentsvollstrecker Gottfried Sempers auf Wiener Boden. Er brachte die Sempersche Dialektik von Gerüst und Haut, Maske und Maskiertem, Wirklichkeit und Schein, Realität und Bedeutung zu einem sichtbaren, auch für eine wissenschaftliche Weltauffassung akzeptablen Ergebnis. Das »Princip der Bekleidung« blieb für ihn nicht nur ein Lehrsatz. Während für Semper die Bekleidung noch das dominierende formale Element für die Erscheinung des Bauwerks war, akzeptierte Wagner, auf die inzwischen stattgefundene bautechnische Entwicklung reagierend, auch das Bekleidete, das Gerüst als mitbestimmendes Moment der Architektur. Der Bau, innen und außen, erscheint ab Wagner als klar deklariertes, bewußt dargestelltes Spiel der Funktion aller Teile. Das Prinzip der Bekleidung wird für ihn ein Prinzip des Zeigens, der präzisen visuellen Definition. Das galt nicht nur für die konventionellen Teile des Bauwerks, sondern auch für die aufkommende Haustechnik, wie Heizung, Lüftung oder Beleuchtung.

Wagners Architekturbegriff war nicht nur ein ganzheitlicher, absoluter, umfassender, sondern auch ein apodiktischer. Seine unreflektierte Hierarchie der Werte bezog ihre Legitimation aus der kulturellen und gesellschaftlichen Situation. Adeliger Traditionalismus und bürgerlicher Fortschritt pflegten eine wohlwollende Koexistenz auch im Ignorieren revolutionärer Entwicklungen. Fortschritt war für Wagner eine Perspektive des bürgerlichen Leistungsprinzips. Und er verstand es, dieses im vollsten Glanz darzustellen. Sein Qualitätsbegriff ist untrennbar mit physischem Bestand verbunden, mit Anwesenheit von Vergangenheit und Zukunft.

Otto Wagner war alles Fragmentarische, Offene, Unbestimmte und Fragende fremd. So gesehen, war sein formaler Absolutismus ein ungeheurer Zynismus gegenüber dem psychologisierenden und intellektuellen Klima Wiens.

So betrachtet, stellen seine Majolikahäuser zwei einander widersprechende Prinzipien dar: das Bestand symbolisierende, statische System der Renaissance und das Veränderung, Dynamik, Aufbruch symbolisierende dekorative System der Wiener Secession.

Wagner war kein Romantiker, schon gar kein nationaler. Seine Bauten gingen nicht auf Orte ein im Sinne von Anpassung oder Unterordnung, sie schufen Orte und stellten sie, wie beim Nadelwehr Nußdorf, im Kontext von Landschaft und Leistung dar. Wenn seine Architektur trotzdem eine der Kontinuität war, dann im Sinne eines umfassenden Zeitbegriffs, eines klaren Bewußtseins vom Standort in der Zeit. Er verstand es, mit seinem architektonischen Vokabular dieses Bewußtsein darzustellen: es gibt an seinen Bauten kein Detail, das vor seiner Zeit hätte entstehen können, es gibt aber auch keines, das den historischen Standort, die Erfahrung seiner Geschichte nicht zeigen würde.

Für Wagner hatte offenbar die konkrete (lokale, nationale) Geschichte wenig Bedeutung. Geschichte wurde eher als das allgemeine »kulturelle Gut« der Menschheit, genaugenommen als eine anspruchsvolle Abstraktion, erfahren. Auch hierin war er ein Nachfahre Gottfried Sempers und der humanistischen Tradition. Darin lag auch sein entscheidender Schritt gegenüber dem Historismus oder gegenüber allen historizistischen Tendenzen. Dieser Blick auf das Allgemeine, das Essentielle der Vergangenheit hat ihn auch frei gemacht für die Probleme seiner Zeit. Insofern war Wagners Architektur oder seine Methode, Architektur zu konzipieren, eine dialektische. Wenn er auch in einem politischen Sinne (im Gegensatz zu den Reformern des 19. Jahrhunderts) viel ignoriert haben mag, so empfing seine Architektur doch die stärksten Impulse aus den Problemen der Zeit, sei es in Form von neuen Bauaufgaben, den Möglichkeiten neuer Technologien oder auch aus dem »sprachlichen« Widerstand in der Darstellung neuer Inhalte.

Was Wagner heute wieder besonders aktuell macht (soweit er es nicht ohnehin geblieben ist), das ist die kulturelle Bedeutung, die er der Architektur zuwies. Sie bekam diesen Stellenwert durch eine totale Identifikation mit dem »Leben«, in der intensivsten und gesteigertsten Form, nicht nur mit seinen materiellen Bedürfnissen oder gesellschaftlichen Eitelkeiten. Durch diesen Idealismus behielt Wagners Architektur einen Funken von Naivität, die intellektuelle Kälte seiner Bauten erscheint in einem Licht, das sogar seine höhnende Opposition, seinen vernichtenden Zynismus gegenüber jedem Lokalkolorit überstrahlt.

Als Renaissance-Mensch verherrlichte Wagner die Leistungskraft des Individuums, personifiziert im Architekten. Diese Rolle verlangte Pathos, Ausschließlichkeit bis zur Intoleranz. Dieses Prinzip hielt ihn fern von den Wiener Niederungen der Darstellung von Emotionalität und Psychologismus. Seine Architektur hätte zu seiner Zeit in jeder europäischen Metropole entstehen können, als Herausforderung bedurfte sie aber des Wiener Klimas.

Otto Antonia Graf
Der Pfeil der Zukunft
Umriß eines Desideratums

»Der ernstesten Arbeit allein verdankt der Künstler die Erreichung, Entwickelung, ununterbrochene Steigerung seiner künstlerischen Einsicht. Keine andere geistige Thätigkeit kann zur
Gewinnung eines Standpunktes führen, der auf irgend welche
Autorität den künstlerischen Leistungen gegenüber Anspruch
machen könnte. Es ist unerträglich, auf dem Gebiete der Beurtheilung von Kunstwerken der Ueberhebung zu begegnen, deren
sich alle diejenigen schuldig machen, die denen gegenüber die
Miene des Meisters annehmen, von denen sie sich doch gerade
dadurch unterscheiden, daß ihnen von der Natur die Fähigkeit
zu selbständiger künstlerischer Thätigkeit versagt ist. Statt den
Aeußerungen der künstlerischen Kraft gegenüber Bescheidenheit
zu lernen, statt die Kunstwerke als eine unerschöpfliche Quelle
des Studiums, der Erkenntniß anzusehen, statt im wahren Künstler eine Kraft zu verehren, die in unabsehbarer Thätigkeit an der
Erweiterung der Grenzen des geistigen Herrschaftsgebietes der
Menschen arbeitet, gebahren sich die Beurtheilenden zuweilen
so, als ob die Künstler nichts anderes zu thun hätten, als in mehr
oder minder befriedigender Weise das auszuführen, was ihnen
selbst im Grunde schon längst bekannt sei. Freilich ist es leichter,
unter der angenommenen Miene der Ueberlegenheit ein gerin-
ges, leicht erworbenes Verständnis zu verbergen, als mit dem
Respect vor den Leistungen einer Kraft, deren man selbst nicht
theilhaftig ist, ernsthaftes, rastloses Streben nach Erkenntniß der
Bedeutung jener Leistungen zu verbinden.«
*Conrad Fiedler, Ueber die Beurtheilung von Werken der bil-
denden Kunst, Leipzig 1876, S. 70–71*

Läßt sich der Kunsthistoriker, was keineswegs selbstver-
ständlich ist[1], von der Kunst belehren, so hat er zuerst das Werk
seines Lehrers festzustellen. Diese Aufgabe dürfte im Fall Otto
Wagners durch die beiden Bände des Werkverzeichnisses, soweit
es noch möglich ist, im großen und ganzen erfüllt worden sein[2].
Das Staunen über den künstlerischen Reichtum Wagners hat nun
zu verfolgen, auf welchen Wegen sich welche Kunst ereignete.
Otto Wagner paßt nicht in die beliebte sex and crimestory »Wien
um 1900«, mit deren nostalgischer Ausbeutung pessimistische
Anekdotenhändler das weitverbreitete, wenn auch schon etwas
listig getarnte antiösterreichische Ressentiment immer wieder
auffrischen. Mit den üblichen Lokalpossen hat dieser Baukünstler nichts zu tun[3]: er ist ein planetarer Denker *und* ein großer
Künstler, durch den die großen Ideen der Romantik schöpfe-
risch fortlebten, welche der menschheitlichen Zukunft galten.

Sein Lehrer im weiteren Sinn, Schinkel, schreibt 1834 an den
Kronprinzen von Bayern[4]:
»1. ob es überhaupt ein Ideal der Baukunst gebe oder nicht?
Die beiden Fragen ad 1. und 2. werden sich allgemein nur
dahin beantworten lassen, daß:
das Ideal in der Baukunst nur dann völlig erreicht ist, wenn
ein Gebäude seinem Zwecke in allen Theilen und im Ganzen in
geistiger und physischer Rücksicht vollkommen entspricht.

Es folgt hieraus schon von selbst, daß das Streben nach dem
Ideal in jeder Zeit sich nach den neu eintretenden Anforderungen modificiren wird, daß das schöne Material, was die verschiedenen Zeiten für die Kunst bereits niedergelegt haben, den neu-
sten Anforderungen theils näher, theils ferner liegt und deshalb
in der Anwendung für diese mannigfach modificirt werden muß,
daß auch ganz neue Erfindungen nothwendig werden, um zum
Ziele zu gelangen, und daß, um ein wahrhaft historisches Werk
hervorzubringen, nicht abgeschlossenes Historisches zu wieder-
holen ist, wodurch keine Geschichte erzeugt wird, sondern ein
solches Neues geschaffen werden muß, welches im Stande ist,
eine wirkliche Fortsetzung der Geschichte zuzulassen.

Hierzu gehört freilich neben der Kenntniß des gesammten
historisch Vorhandenen eine Phantasie und das Divinationsver-
mögen, das rechte und gerade der Kunst noththuende Mehr
wenigstens für die nächste Zukunft zu finden.«

Die wirkliche Fortsetzung der Geschichte war im Fall Otto
Wagners etwas recht Ungewöhnliches, nämlich eine schöpferische Schule an einer staatlichen Kunstakademie, deren Ursprung
in der Lehre Eduard van der Nülls zu finden ist. Der Architekt
der Hofoper wurde 1843 zum Professor für Ornamentik ernannt.
Zwei Jahre später veröffentlichte er sein Programm, dessen voll-
ständige Durchführung die Moderne Architektur Wagners und
die Wagnerschule ist. Der Text ist von außerordentlicher Wich-
tigkeit und sei daher hier zum ersten Mal vollständig veröffent-
licht[5]. Er gibt vor der Modernen Architektur, die nachweislich
nicht von Fabiani stammt, wie gelegentlich ohne die geringsten,
den Grundsätzen des primitivsten historiographischen Anstandes
entsprechenden Belege behauptet wurde, des Jahres 1896 die einzige einsichtsreiche Darstellung der Aufgabe, die dem Baukünstler von der Zeit gestellt war. Van der Nüll sieht sich noch weit
von dem Ziel, einen selbständigen Ausdruck für die »moderne
Architektur« zu finden, entfernt. Er weiß, daß die neue Konstruktion eine neue Baukunst gebären wird: Wagners Naissance
steckt in der Zuversicht, daß der architektonische Unsinn und
das schreiende Unrecht – »unsere Architektur strotzt von
Unsinn«, sagt er 1845 – eines Tages gewichen sein werden. Otto
Wagner wird ein halbes Jahrhundert und die alleszermalmende
Machtübernahme der kapitalistischen Bauindustrie später aus
dem schreienden Unrecht des Unsinns das Wahnsinnsgebäude
hervorgehen sehen, das einzureißen er sich, eingedenk des Kat-
zenjammers von 1887, geschworen hatte. Den neuen Stil unseres

Jahrhunderts proklamierte er in der Modernen Architektur und der dazugehörigen Praxis: es mußte ihn mit Stolz erfüllen, daß er das als Schüler[6] *und* Nachfolger seines Lehrers an der Akademie tun konnte, an der er selbst studiert hatte. Fünf Jahrzehnte nach der Revolution von 1848 war die Prophezeiung eines »wirklich originellen und nationalen Baustils« in Erfüllung gegangen, war die Architektur der Gegner Siccarsburgs und van der Nülls, welche die Ringstraße als ihren großen Sieg über die Romantik triumphal ausbauten, in sich zusammengebrochen: zwei Entwürfe für die Akademie, die Wagner 1898, am Höhepunkt der Secession, und 1910 wiederum entwarf, zeigen den Einsturz des Wahnsinnsgebäudes, dessen Architekten, wie Wagner verächtlich feststellt, nicht einmal imstande waren, ein brauchbares Programm für ihr eigenes Akademiegebäude auszuarbeiten. Am Ende seiner Lehrtätigkeit gab Wagner offen zu, welche Gründe ihn bestimmten, neue Wege zu suchen: »Es sind nahezu fünfundzwanzig Jahre her, seit ich, nicht aus Sucht nach Originalität, sondern von künstlerischem Katzenjammer getrieben, versuchte, mein baukünstlerisches Schaffen in andere als die bisher betretenen Bahnen zu lenken[7].« Ein Jahr vor seinem Tode verwirft der Künstler in einem Brief an den Sekretär der Akademie einen großen Teil seines Arbeitens auf dem mühevollen Weg in die Zukunft – schließlich ist die Kirche in Esseg das Werk eines Dreiundfünfzigjährigen – und will davon nichts mehr wissen: »Auf Ihr Wertes vom 18. ds. M. beehre ich mich zu erwidern, daß ich nebst der Kirche in Essegg und dem jetzt abgerissenen und wieder aufgebauten Dianabade, noch Vieles an albernen Jugendsünden am Kerbholz habe, von diesen meinen Schandtaten aber nichts mehr wissen will. Ich bitte Sie daher davon keine Notiz zu nehmen[8].«

Der Pfeil der Zukunft oder des Eros hatte gesiegt. Ein großes, vor allem ein künstlerisch bedeutendes Stück – die meisten Ereignisse in der Geschichte der modernen Architektur gehören in die Sparte der Erfindungen, der Kuriosa und der sozialen Neuerungen, nicht der Kunst – Geschichte der neuen Baukunst ist *der* Inhalt der Geschichte der Akademie am Schillerplatz, sehr im Gegensatz zu der ästhetischen Hochburg der französischen Plutokratie, der von Drexler so hoch geschätzten Beaux Arts. Nichts zeigt besser die Fortsetzung der Geschichte und die Verräumlichung der Zeit als das Nebeneinander von Christoph Stumpfs[9] Flughafen und Betonwolkenkratzer und Félix Debats Entwurf für den Friedenspalast in Den Haag[10]. Das Resultat des bedeutendsten Geschäftshauses Wiens um 1875[11] treibt das Argument Schinkels auf die Spitze, während der Franzose, ein Schüler Pascals, lediglich Viollet-le-Ducs Werk über die altamerikanischen Tempel (1874) dazu benützt, den Synkretismus der Nachahmung, von dem sich van der Null sechzig Jahre vorher nichts erwartete, turmhoch aufzuhäufen. Wagners Entwurf für das Gebäude kam mit 120 m weniger Bauhöhe aus. . . . Es genüge der Hinweis, daß Sant 'Elias berühmte Station den Turm Stumpfs in

Otto Wagner, Friedenspalast Den Haag, 1905, perspektivische Ansicht

die Nadelwehr von Nußdorf und eine Stadtbahnstation versetzt, um zu zeigen, welche Aufgabe der Darstellung Otto Wagners gestellt ist. Ist die Hofoper, die Viollet-le-Duc das beste Opernhaus der Welt nannte, seiner Lehrer eine Fuge über die vertiefte Tafel, so denkt die Moderne Architektur und ihre Praxis tief nach über den Inhalt der »ebenen Tafel« und ihrer Zukunft.

Anmerkungen

[1] Siehe dazu Joseph Rykwert, The Necessity of Artifice, London, 1982, S. 130, letzter Absatz

[2] Otto Antonia Graf, Otto Wagner, Das Werk des Architekten, 2 Bände, Wien, 1984, bei Böhlau, Schriften des Instituts für Kunstgeschichte, Akademie der bildenden Künste, Wien

[3] Darüber hat schon Hermann Bahr Richard Muther aufgeklärt, siehe: Ver Sacrum, Die Zeitschrift der Wiener Sezession 1898–1903, Katalog des Historischen Museums der Stadt Wien, 1983, S. 21.

[4] Karl Friedrich Schinkel, Briefe, Tagebücher, Gedanken, herausgegeben von Hans Mackowsky, Berlin 1922, S. 180

[5] Siehe Anhang

[6] Wagner frequentierte seit Oktober 1860 die Akademie und erhält am 22. April 1883 folgendes Abgangszeugnis: »1. Zeichnungsfertigkeit: sehr gut. 2. Fertigkeit in der perspektivischen Darstellung: vollkommen. 3. Kenntnis der Baukonstruktion: sehr gut. 4. Fähigkeit in der künstlerischen Durchbildung der äußeren und inneren Struktur: sehr gut. 5. Befähigung in der, einem bestimmten Zweck entsprechenden Anordnung der Anlage und inneren Einteilung von Gebäuden: sehr gut. Betragen und Verwendung: vollkommen entsprechend«. Stipendien und Preise unter seinem Namen sind keine bekannt

[7] Das Ehrenjahr Otto Wagners, Arbeiten seiner Schule, herausgegeben von Otto Schönthal, Wien. S. d., Einleitende Worte

[8] Brief vom 19. April 1917 im Archiv der Akademie, Mixta, 1917

[9] Christoph Stumpf, Anstalt für aeronautischen und Automobil-Sport, Wagnerschule 1902/03 und 1903/04, Projekte, Studien und Skizzen der Spezialschule für Architektur des Oberbaurat Otto Wagner, Professor an der k. k. Akademie der bildenden Künste in Wien. Leipzig 1905, S. 72, II. Halbband 1903/04, III. Jahrgang

[10] International Competition of the Carnegie Foundation, The Palace of Peace at The Hague, London 1907, Taf. 41 und 42

[11] Otto Wagners Sgraffitohäuser, Bauernmarkt, Brandstätte, Kramergasse, 1875, abgerissen 1956

Félix Debat, Friedenspalast Den Haag, 1905, Hauptansicht

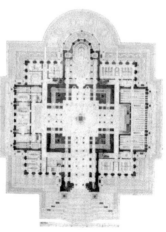

Félix Debat, Friedenspalast Den Haag, 1905, Grundriß und Schnitt

Andeutungen über die kunstgemäße Beziehung des Ornamentes zur rohen Form.
Von Prof. Eduard van der Nüll in Wien.

Le beau est infini; c'est l'échelle de Jacob qui se perd dans les nuées célestes.

George Sand
Les sept Cordes de la lyre

Indem ich diese Blätter der Öffentlichkeit übergebe, sei es mir erlaubt, über die gewählte Form und die Beweggründe, welche mich dazu veranlaßten, einige Worte vorauszuschicken.

Ich hatte das Glück im vertrautesten Umgange mit einem Freunde und Kunstgenossen das Land der Poesie, Italien, zu durchziehen; die höhere Ausbildung meiner allgemeinen Begriffe über die Kunst wurde befördert und geläutert durch Mittheilung; das Resultat des wechselseitigen Austausches prägte sich unauslöschlich in unsere Seelen, doch die Erinnerung, durch welche Mittel diese Ideen zu einem klaren Ganzen sich vereinigten, ging verloren.

Eine heitere Gesellschaft kräftig begabter deutscher Künstler zu Rom, in der Alle mit gleicher Freundschaft, Freimüthigkeit und Unumwundenheit gegenseitig zu Felde zogen, war der zweite Kampfplatz, auf dem unsere Ansichten erprobt wurden; da ich nun mit manchem meiner Freunde, die in weiter Ferne zerstreut sind, in geistige Berührung trete, lege ich vor allen mit froher Erinnerung an jene schöne Zeit das Bekenntnis ab: den größten und besseren Theil der hier ausgesprochenen Ideen ihrem Umgange zu verdanken; es ist daher die Form des Ausdruckes so gewählt, als ginge die Tendenz dieser Blätter von Mehreren aus, so wie denn auch wirklich unser künstlerisches Glaubensbekenntniß durch gemeinschaftlichen Austausch zur größeren Klarheit gediehen ist.

Ich habe den Muth mich offen ohne Rückhalt zu äußern, weil ich ähnliche Überzeugung bei meinen Freunden voraussetzen darf; nicht Furcht vor Tadel veranlaßt mich, meine Persönlichkeit in den Hintergrund zu stellen, diesem entgeht der Gefeierte so wenig wie der Unbedeutende, sondern der Glaube, daß es angemessener sei, nur als Organ von Gesinnungen zu erscheinen, die, wie gesagt, nicht mir allein gehören; zugleich verliert dieser schriftliche Versuch dadurch den Charakter der Arroganz, als fühle der Einzelne sich berufen, abzuhelfen dem Gewühle der Baustyle aller Zeiten, in welchem die dürftige Gegenwart sich abmühet.

Billig die neuesten Bestrebungen großer Männer anerkennend, ohne deren Leistungen die jüngere Generation noch im Dunkel des Zweifels befangen wäre, müssen wir uns doch aufrichtig gestehen, noch weit von dem Ziele entfernt zu sein, einen rationellen selbstständigen Ausdruck für die moderne Architektur gefunden zu haben.

Wenn wir die Selbstsucht in der Ausübung der Kunst verbannen könnten, wenn jeder das Schöne aufrichtig anerkennen wollte, welches in den Werken Anderer niedergelegt ist, wenn eine innige Verbindung der Künstler möglich wäre, so müßte eine Vereinigung solcher Kräfte trotz dem engherzigen Geiste der Zeit manch' große erhabene Erinnerung unseres Wirkens zurücklassen. Die Absicht, einen wechselseitigen Austausch der Gedanken zu beginnen, entfernte Freunde zu begrüßen, vielleicht neue zu erwerben, hat diesen Aufsatz ins Leben gerufen.

Die veranlassende Ursache aller Dekoration ist begründet in dem Bedürfniß des Menschen, der Form eine Bedeutung zu geben, und zugleich den Schönheitssinn zu befriedigen. Diese Behauptung durch Auseinandersetzung der geistigen Eigenschaften der Seele logisch zu unterstützen, liegt außer dem Bereiche dieses Aufsatzes, wir nehmen das Faktum als wahr und unbestreitbar an, uns nur vorübergehend berufend auf die Geschichte aller Völker, welche uns lehrt, daß der Mensch im Naturzustande schon den Hang fühlet, die Roheit der Formen zu bewältigen, und mit dem Fortschritte der Kultur dieses Gefühl immer mehr und mehr ausbildet.

Man sollte glauben, je näher wir der allgemeinen Ausbildung unserer geistigen Fähigkeiten rücken, desto bedeutender müßte die Form im Ausdrucke werden! Doch leider überzeugen wir uns vom Gegentheile. Nationen, welche in andern Beziehungen fern von europäischer Zivilisation geblieben, haben den logischen Sinn, im Vereine mit dem Schönheitsgefühle, viel bezeichnender bewahrt, dagegen unsere Vielwisserei uns endlich dahin gebracht hat, jedem volksthümlichen Ausdrucke der Form entsagen zu müssen.

Dem Übel zu steuern, eine vollkommene Regeneration der überbildeten Völker vorzunehmen, bleibt für jetzt noch der schönste Wunsch eines poetischen Gemüthes, doch der Künstler, welcher die Mängel seiner Zeit erkennt, und noch Kraft erübriget, dem Strome des Eigennutzes entgegen zu schwimmen, dem sei es heilige Pflicht, durch seine Werke das Streben auszudrükken, fühlende Menschen für die hohe edle Bedeutung der Kunst zu begeistern, und die Überzeugung zu wecken, daß neben den materiellen Interessen, deren *einzige* Beachtung uns herabwürdiget, auch die geistige Ausbildung der Pflege bedürfe.

Uns mit einmal gewaltsam von dem Herkömmlichen loszureißen, wäre vergebene Mühe, Einzelne können jedenfalls nur Steine zum Baue tragen; das Alte, Vortreffliche durchdringend, als nützende Lehre jede direkte Nachahmung vermeidend, werden wir vereint dem Bessern zuschreiten; denn sowie der Maler nicht durch knechtische Nachbildung der Natur oder alter Meister, sondern durch erneutes Erschaffen nach vorhergegangenen Eindrücken das höchste Ziel erreicht, so glauben wir, daß die Kunst, welche lehrt, die vom Menschen erdachte Form zu veredeln, die ihrer hohen Bedeutung wegen von den Griechen

Architektonik genannt wurde, und deren ganzes Wesen mit dem *Ornamente* innig verflochten ist, auf demselben Wege zur möglichen Vollkommenheit gelangen sollte. Daß es jederzeit und aller Orten Künstler gegeben hat, welche dieser Ansicht gefolgt, glauben wir mit Bestimmtheit behaupten zu dürfen, sie wurden aber von der Masse des Unsinns, der auf sie losstürmte, erdrückt. In neuester Zeit hat uns ein Stern erster Größe vorgeleuchtet, ein Mann, dessen hohe Geistesgaben, dessen geniale Werke die Bahn zum Besseren gebrochen, der auch in uns das Streben nach Selbstverläugnung entzündete, und dem wir mit freudigem Dankgefühle die schuldige Anerkennung zollen; wir nennen mit innigster Verehrung den zu früh geschiedenen Meister »*Schinkel*«.

Wir sind fest überzeugt, daß begabte Menschen, welche Gemüth, Verstand und Liebe zur Kunst in sich vereinigen, ohne selbe auszuüben, doch fördernd auf den Zeitgeschmack wirken können, wenn selbe die logische Seite der Kunst beleuchten. – So wie Musik und Poesie, durch den Geist des fähigen Menschen geregelt, die Macht verleihen, ein vollständig in sich abgeschlossenes Werk zu schaffen, so ist auch die bildende Kunst, dem Schöpfer sei Dank, nicht der Willkür Einzelner unterworfen, sondern sie gehorcht ewigen unabänderlichen Gesetzen, deren Modifizirung durch das individuelle Gefühl die unendliche Mannigfaltigkeit im Ausdrucke der Form hervorbringt. Diese Gesetze Allen zugänglich zu machen, ihnen das Wesen, die Aufgabe der Kunst, näher zu rücken, ist bis zu einer gewissen Grenze möglich, über die hinaus die Ausübung an die Stelle der Forschung tritt.

Wohl Mancher, dem die Beziehungen der Kunst zum Leben weniger beachtenswerth scheinen, wird das Bedürfniß des Menschen läugnen, die Schönheit auf alle Gegenstände, die sein Geist erschaffet, zu übertragen; für solche werden auch diese Zeilen größtentheils unverständlich bleiben. Wir haben die Absicht, dem gebildeten, dem fühlenden Menschen manche Vorstellung zu erleichtern, die innige Verbrüderung des Verstandes mit dem Gemüthe als Bedingung jedes vollendeten Kunstwerkes festzustellen, die Nebel auseinander zu theilen, welche sich insbesondere bezüglich der Architektur als förmliche Wolken vor dem menschlichen Geiste aufthürmten, Autoritäten, architektonische Universal-Rezepte zu bekämpfen, und die selbstständige Auffassung und Wiedergeburt als das einzige waltende Prinzip anzuerkennen. Ohne deshalb unsere Ansichten von Mängeln frei zu glauben, von Kunstverwandten gerne Berichtigung annehmend, sprechen wir das einzige Verdienst an: die persönliche Anschauung, welche durch fortschreitende Bildung sich jedem Künstlergemüthe von selbst aufdringet, in Worte zu fassen, »uns so zu geben, wie wir sind, offen, ohne Rückhalt.«

Ein für allemal bitten wir, mit Nachsicht der ungeübten Feder zu folgen; wir hoffen dies besonders von Schriftstellern, welche sich mit der bildenden Kunst näher befreunden, sie mögen bedenken, daß die Lebensaufgabe des Künstlers, im

Vereine mit der geistigen Ausbildung zugleich eine praktische ist, und wenn derselbe seine Ansicht ohne Schmuck, nur verständlich vorträgt, er den Forderungen Einsichtsvoller genügen wird; diese Zeilen könnten ihnen dann eben so viel gelten, als die trauliche Mittheilung eines Gleichgesinnten, und wie gerne sind wir im gewöhnlichen Leben bereit, die Unvollkommenheiten des mündlichen Ausdruckes zu vergessen. Das menschliche Gemüth dürstet nach dem Schönen; nicht alle Menschen sind aber gleich begabt, es zu erkennen, die einfache Nachahmung der Natur fordert schon eine genaue Erkenntniß derselben; soll aber ein Kunstwerk in sich selbst vollendet erscheinen, so muß der begabte Künstler die Belehrung, die er sich aus den Schöpfungen der Natur für seinen schaffenden Geist abstrahirt, in sich verarbeiten, nur das Charakteristische und Schöne der Formen behalten, und diese Gestaltung seiner Einbildungskraft reproduziren, d. h. dasjenige, was er als schön erkennt, in einem vollkommenen Ganzen neu hervorbringen.

Da jeder Einzelne mit einem eigenthümlichen Anschauungs-Vermögen ausgerüstet ist, so folgt Originalität eines jeden Kunstwerkes daraus von selbst; denken wir uns z. B. eine Gesellschaft der treuesten Nachahmer, und geben jedem dasselbe Motiv der Natur nachzubilden, so wird die individuelle Auffassung ihren Werken einen originellen Reiz verleihen. Um wie viel mehr müßte dies bei der Erfindung der Fall sein, wo das Hinzutreten noch mehrer anderer geistiger Eigenschaften den eigenthümlichen Ideengang eines Jeden noch bestimmter bezeichnen würde.

Wir haben oft von Laien, die sich mit dem Wesen der Kunst vertrauter machen wollten, die Frage stellen hören: *»Ob denn nicht die treueste gewissenhafteste Nachahmung der Natur das höchste Ziel eines jeden Künstlers sein sollte?«* Wir können mit Rücksicht auf den vorgesteckten Zweck diese Frage nur nach einer Seite hin beantworten, hoffen aber auch in diesem beschränkteren Kreise etwas zur Aufklärung der allgemeinen Begriffe beizutragen.

Es wäre also in dem Bereiche der *Dekoration,* in dem wir uns in diesen Blättern bewegen, die sorgfältigste Nachahmung irgend eines passend scheinenden Elementes der Natur das *Höchste,* welches wir bei der Übertragung in die starre Form erreichen könnten! Diese irrige Ansicht zu widerlegen, sei unsere erste Sorge; um faßlich zu bleibe, können wir uns einfacher Beispiele nicht erwehren.

Vor Allem erkennen wir jenen Künstler als den trefflichsten, dessen Erfindungskraft sich gleichsam unmittelbar mit der Materie verbindet, die ihm zur Versinnlichung seiner Gedanken geboten wird. Es ist nicht einerlei, ob irgend ein ornamentales Gebilde in Holz, Stein, Eisen, auf gewobenen Stoffen etc. vorkömmt, die Materie wird dem Ornamente an und für sich einen bestimmten Charakter verleihen; wird dies zugegeben, so ist dieses allgemeine Schema noch einer spezielleren Erweiterung fähig.

Nehmen wir zur Erläuterung des Gesagten den Stoff, so wird dieser nach Maßgabe seiner Bestimmung wieder in einzelne Kategorien zerfallen, als: Damast, Linnenzeug, Sammt, Shawlgewebe etc. Wir können also nicht läugnen, daß ein gewisses logisches Ordnen sich mit dem Gefühle beim Entwurfe des Ornamentes innig verbinden muß.

Um dies durch ein Beispiel zu versinnlichen, erinnern wir an die durch Farbendruck erzeugten Dessins im Verhältniß zu jenen, welche auf dem Weberstuhle hervorgebracht werden. Setzen wir beide Muster auf eine gleich hohe Stufe der Erfindung, geben wir zu, daß man im Drucke viel naturgetreuer bleiben könne, weil sich dieses Verfahren der Malerei nähert, so wird doch der gewobene Dessin den Sieg erringen, und eine reale Befriedigung in dem Beschauer erregen, denn es widerspricht unserem Gefühle bei dem ersten Verfahren die Verbindung des Musters mit der Materie (den sich kreuzenden Fäden) nicht wahrzunehmen; wogegen wir aber im höchsten Grade befriedigt sind, wenn der Charakter irgend eines Elementes der Natur in das Muster übertragen, in symmetrischer Folge vertheilet ist, und dazu noch das künstliche Ineinandergreifen der Fäden, welche all' dies hervorbringen, sichtbar wird, Hat der Künstler diese Vereinigung der logischen Anordnung mit der schönen passenden Form glücklich zu Stande gebracht, so wird die Wirkung höchst befriedigend sein.

Wir geben noch ein zweites Beispiel höherer künstlerischer Bedeutung, doch auf demselben Prinzipe beruhend. Jeder, dem das Glück zu Theil geworden, Italien zu durchziehen und sich zu laben an jenen Kunstbestrebungen vergangener Größe, wird die Mosaikverkleidungen in den Wunderschöpfungen des menschlichen Geistes, S. Marco, Capella palatina, S. Maria di Monreale etc. lebhaft im Gedächtnisse bewahrt haben. Diese Verkleidung bedeutet in der architektonischen Sprache nichts anderes, als eine Veredlung des Materiales der innern Wandfläche, um zugleich durch die erzeugte Zeichnung im Vereine mit der Farbe auf das Gemüth des Beschauers zu wirken.

Hier wird es am Orte sein, unsere Ansicht über die *kunstgemäße Dekoration einer Mauerfläche* im Allgemeinen festzustellen. Jede Verzierung der Fläche einer Wand soll innig mit dieser verbunden erscheinen, diese Verbindung kann nur dreierlei Natur sein. Entweder sie erscheint in derselben Fläche als Malerei, oder selbe wird in die Tiefe eingelegt (als Mosaik oder Paste) oder sie tritt aus der Fläche heraus als Relief. Diese drei Fälle sinnig vereint, werden jedesmal den vollkommensten Eindruck hervorbringen. Aus dem Gesagten folgt, daß alle Malerei auf der Wandfläche, welche Relief ausdrücket, nur dann begründet erscheint, wenn selbe ein abgeschlossenes Ganzes bildet, gleichsam eingesetzt in die Wand erscheint, und die Farbe zugleich so beschaffen ist, daß sie sich dauerhaft mit der Materie (den Stoffen, aus denen die Mauer gebildet wurde) verbinde. Ein malerisch-angeordnetes Freskogemälde wird dieser Bedingung immer entsprechen, da die perspektivische Täuschung in die Tiefe wirket, und die ornamentale Umgebung, welche selbes begrenzend abschließet, nur als Mosaik, Paste, oder wirkliches Relief erscheinen sollte. Wird die *Malerei als Ersatzmittel* einer solchen Umgebung gewählet, so ist selbe nur dann zu entschuldigen, wenn selbe mit täuschender Wahrheit darstellt und durch die ökonomischen Rücksichten gefordert wird. Jedenfalls müßten aber jene Theile der Wandfläche, welche sich mit der Decke, dem Gewölbe u. dgl. verbinden sollen, als wirkliches Relief behandelt werden. Man kann Mosaik, eingelegte Arbeit, schwaches Relief, gewobenen Stoff etc. durch Malerei täuschend und auf angenehme Weise ersetzen, doch konstruktive Theile können nie ohne den grellsten Widerspruch in dem Organismus des Ganzen, nur zum Schein dargestellt werden. Wir haben das logische Erforderniß einer Wandverzierung festgestellt, wie nun dies dem Zwecke des Raumes künstlerisch angepaßt werde, überlassen wir dem individuellen Gefühle des Architekten.

Welch' herrlicher Eindruck ist in den obengenannten Kirchen erreicht, weil Alles sich auf dasselbe organische Prinzip stützet. Auf matten Goldgrund zeichnen sich farbige Figuren aus der biblischen Geschichte, deren Einfalt und Größe durch die geringere Korrektheit in den Umrissen nicht beeinträchtigt wird; schon die Art der Erzeugung dieser Fläche durch Mosaik läßt keine scharfe Linie zu, und es ist ungegründet, daß die farbigen Figuren, als ornamentale Symbole des architektonischen Ganzen mehr der Wandfläche angehörend, aus dieser nicht hervortreten. Die tektonische Verbindung der einzelnen Theile ist mit symmetrischem Sinn durch farbige Muster, welche den Linien der Wölbung folgen, erreicht. Die ästhetische Befriedigung, welche diese Dekoration in dem Beschauer erregt, ist unserer Ansicht nach in Folgendem begründet:

1. weil das Mosaik die innige Verbindung mit der Wandfläche und zugleich die Idee großer Dauer in uns erwecket;

2. weil je größer die Fläche, desto mehr das Verlangen in uns rege wird, ein Gefüge der Zusammensetzung zu entdecken;

3. weil die angebrachte Zeichnung durch diese Darstellungsweise *sichtbar* der Fläche angehöret.

Wir erinnern hier vorübergehend an einige der ältesten und besten ornamentalen Wandmalereien Pompeji's, da nach unserer Überzeugung die schwebenden Figuren auf farbigem Grund schon einer spätern, nicht mehr so reinen Periode der alten Kunst angehören; doch auch diese sind gleichsam nur hingehaucht und manche (wie die tanzenden Frauen u. m. a. im königl. Museum zu Neapel) zeichnen sich nur als Silhouetten in lebhaft anziehender Bewegung. Göthe bemerkt in seinen Propyläen, daß er glaube, die ausgeführteren Gemälde Pompeji's seien für sich eingesetzt, da selbe eine tüchtigere Hand verrathen, als die umgebende ornamentale Malerei; wir pflichten dieser Ansicht bei, auch wünschten wir von den Malern nicht mißverstanden zu werden! wir kennen keinen passendern Schmuck für die Wand als sinnige Gemälde, welche die Bestimmung eines Raumes näher bezeichnen und durch dekorative Anordnung mit den übrigen sich anschließenden konstruktiven Theilen verbinden; jedes gut angeordnete Gemälde wirkt perspektivisch in die Tiefe, und die Wand ist die Bildfläche, welche dem Maler zu Gebote stehet, es muß daher irgendwo eine Begrenzung Statt finden, weil die Wirkung eines guten Bildes nur für einen gewissen Standpunkt, eine bestimmte Entfernung und Größe berechnet sein kann. Jede andere bildliche *unbegrenzte* Darstellung kann logisch richtig nur als Silhouette angebracht werden! Was soll z. B. eine erhaben in der Fläche schwebend gemalte Figur sinnig bedeuten? sie gehört scheinbar nicht mehr der Fläche an, und wir überzeugen uns doch jeden Augenblick, daß sie in derselben liegt. Zwei widersprechende Forderungen in der Kunst können nie Gutes bewirken; sobald wir die Täuschung unserer Sinne bezwecken, sollte selbe nie halb erfüllt werden, dies geschieht aber, indem die Malerei in Bund mit der Realität tritt, sie muß einen Theil ihrer Rechte aufgeben, um nicht mit sich selbst in Widerspruch zu gerathen. Noch glauben wir zur größeren Bekräftigung des hohen geläuterten Kunstgeschmackes gedenken zu müssen, der sich an den Vasengemälden der Alten manifestirt. Gewiß wäre es ihnen leicht gewesen, Relief zu malen, aber sie fanden es widersprechend, auf einer krummen Oberfläche so zu verfahren, da erhaben gemalte Gegenstände auf einem runden Gefäße doch jedenfalls durch die tangirenden Sehstrahlen Lügen gestraft werden.

Vergleichen wir diese Leistungen der Vergangenheit mit den Bestrebungen der jüngsten Gegenwart in München, welche sich die Erreichung eines ähnlichen Eindruckes zur Aufgabe gestellt haben, so bemerken wir die Idee des Mosaiks verlassen, also dem Verstande die Bürgschaft der Dauer, dem Auge die ruhigere Wirkung des Zusammengesetzten und die Überzeugung wie es entstanden, benommen. Wir sehen eine glatte goldene Schale ohne uns Rechenschaft geben zu können, welcher Materie sie entsprechen solle. Die Dekoration, den alten Motiven folgend, ist kunstgemäß durchgeführt, die Figuren sind schön und edel, auch viel korrekter als die alten, weil bei ihrem Entstehen schon das materielle Hinderniß des Mosaiks nicht im Wege stand: sie streifen jedoch in ihrer Wirkung viel näher an Naturwahrheit (ohne ihrem ernsten Styl zu nahe zu treten), weil selbe Relief ausdrükken, und rufen daher den Eindruck schön gemalter, ausgeschnittener Kartons hervor; ihre innige Verbindung mit der Fläche ist nicht sinnlich dargethan, und wir glauben hierin das Alte höher stellen zu müssen, weil jene Künstler der Vorzeit nie mehr machen wollten, als ihnen die Materie erlaubte.

Dieselben Beobachtungen dringen sich dem unbefangenen Urtheile auf bei dem Abwägen der künstlerischen Forderungen, welche man an die Glasmalerei stellen sollte, sobald selbe in der Architektur als bezeichnendes Element mitwirket zum Organismus des vollendeten Ganzen. Es ist durchaus kein Verstoß gegen die Logik, wenn die Liebhaberei Einzelner Vergnügen daran findet, Werke alter Meister auf Glas übertragen zu lassen, und sich an dem erhöhten Farbenreiz zu ergötzen, da ein solches Gemälde, ein für sich abgeschlossenes Ganzes bildet, und wir in dem Moment der Betrachtung so wenig als bei andern Gemälden daran erinnert werden, das scheinbare Relief auf einer Fläche dargestellt zu wissen; wir überlassen uns ganz dem poetischen Eindrucke, und empfinden ungestörte Einheit. Sobald aber die Glasmalerei als wohltönender Akkord in das harmonische Gebilde eines Werkes der Architektur eingreifet, so ist die Forderung an dieselbe eine andere.

Das Glas dient als Verschluß der großen Öffnungen, und gestattet nur dem Lichte in den geschlossenen Raum zu dringen, die Durchsichtigkeit desselben wird benützt, um eine dem Zwecke anpassende Dekoration darauf zu malen; die Materie drückt also eine gewisse Bestimmung aus, welche uns errathen läßt, die Malerei sei auf einer dünnen Fläche aufgetragen, es ist also ein logisches Verlangen des Verstandes an die Schönheit, diesem Eindrucke nicht zu widersprechen.

Wir erkennen die Münchner Leistungen in diesem Fache als höchst gelungen an, doch wünschten wir unserm Gefühle nach eine mehr musivische, sich blos durch geschmackvolle Farbenwahl und einfache Zeichnung trennende Anordnung des figuralischen Theiles, denn die Wirkung eines perspektivisch angeordneten Gemäldes ist in diesem Falle nicht am gehörigen Platze, und wir denken uns die alte Vorstellungsart, durch eine Mosaik farbiger Gläser bildlichen Sinn in die durchsichtige Fläche zu bringen, dem Verstande und Gefühle gleich zusagend. Die ornamentale Anordnung hat eine hohe Vollendung in diesen Werken moderner Kunst erreicht, und mit Stolz wird jedem Deutschen das Herz höher schlagen, wenn er dem Könige, der so erhabene Werke ins Leben rief, ein freudenvolles Lebehoch bringet.

Wir haben nun hoffentlich die innige Verbindung der Materie mit dem Charakter und der Bestimmung des ornamentalen Kunstwerkes erläutert.

Wenn unsere Leser mit dem Gesagten einverstanden sind, so wird ein Rückblick auf die Vergangenheit im Vergleiche mit der Gegenwart sie belehren, daß die Erbärmlichkeit unserer *sogenannten* Pracht, welche ihre Motive aus den verschiedenen Glanzepochen der Kunst zu leihen nimmt, und selbe in Pappe, Leder, Hanf, Zink etc. vervielfältiget, welche, *wenige* moderne Leistungen ausgenommen, sich mit dem Schein begnügt, und die Form schön findet, wenn sie nur billig ist, *daß diese materielle Tendenz,* behaupten wir, das *Leben der Kunst gefährdet* und wenn nicht energische Maßregeln der Staatsverwaltungen dieser Nüchternheit einen edleren Impuls geben, unsere Nachkommen in dem Schutte und Moder dieser vergänglichen Materien umsonst nach der Verkörperung irgend eines geistigen Ausdruckkes wühlen werden.

Gehen wir nun auf die vornehmste Fähigkeit über, welche

bei der Erschaffung eines jeden dekorativen Kunstwerkes den Künstler beseelen soll. Jeder Berufene weihe sich vor allem dem Erkennen des Schönen in der Natur, je fähiger, je tiefer sein eigenes Gemüth, desto besser wird ihm dies gelingen. Er wird dann im Stande sein, das wahrhaft Schöne von dem Bizarren, Vielfältigen zu sondern; der Künstler muß Vieles weglassen, um verständlich zu bleiben, und wird nur den Charakter, vereint mit der schönen Hauptform behalten.

Wir helfen uns wieder durch ein faßliches Beispiel. Es sei die Aufgabe gestellt, aus einem gegebenen Pflanzenelemente ein tektonisches Ornament zu bilden, z. B. ein Distelblatt. Zu diesem Zwecke wird ein genaues Studium der Natur, ein tiefes Durchdringen der Charakteristik dieses Pflanzenwuchses vorangehen müssen, dies erfordert Talent und verständige Sonderung in dem übergroßen Reichthum der Natur, welche öfter in das Breite, Verworrene, Häßliche ausartet; soll nun das Blatt in die Plastik übertragen werden, so muß es, mit Verstand angeordnet, zweierlei Gefühle in dem Beschauer erregen: es wird ihn lebhaft an die Natur erinnern, weil der Charakter, die schönen Linien derselben beibehalten sind, und durch die Vereinfachung noch deutlicher hervortreten, es wird aber zugleich etwas Vollkommeneres, doch Abweichendes von der Natur in sich tragen, weil der Geist des Menschen diese Form durch die Wahl der schönsten Linien veredelt hat. Es ist dann jedes Resultat der Kunst, welches auf diese Weise vom Einfachsten bis zum Größten hervorgebracht wird, eine potenzirte Schöpfung der Natur, und es ist keine Anmaßung, zu sagen, das Kunstwerk stehe höher, als die gewöhnliche Produktion der Natur, da dem Menschen nicht ohne Grund von dem Schöpfer die Kraft verliehen ist, durch die verkörperten Denkmale seines Verweilens auf dieser Erde in den Nachkommen ein ähnliches Streben nach dem Edlen, Schönen und Erhabenen zu entzünden.

Wir dürfen daher mit Recht behaupten, je vollkommener ein Kunstwerk an sich ist, desto klarer wird sich darin die innere Verbrüderung des Geistes mit dem Gemüthe äußern; und dann reihet sich eine solche Leistung den erhabensten Schöpfungen der menschlichen Seele würdig an. Das was wir nun hier begründet, diese Vereinfachung und Veredlung, welche das echte Kunstwerk stempelt zum ehrenden Vermächtnis an die Nachwelt, nennt man in der Kunstsprache *Styl*. Aus dem bereits Gesagten gehet hervor, daß jeder Künstler einen ihm eigenthümlichen Styl entwickeln wird, und je selbständiger und kraftvoller er begabt, desto edler wird die Anschauungsweise der Natur (Mutter des Styles) in die Form übergehen.

Es ist aber nicht zu läugnen, daß der Künstler die ewigen Naturgesetze mit allen andern Menschen theilet, er gehört diesem oder jenem Volke, er nimmt Sitten und Gebräuche, geistige und sinnliche Anschauungsweise desselben an, und fühlet jede Pulsirung des ganzen großen Körpers mit.

Unsere Zeitverhältnisse sind aber ganz anderer Natur, als

die früheren Epochen. Die europäische Zivilisation hat uns zu Bürgern eines ganzen Welttheiles erhoben, der Verstand hat sich die Präpotenz über alle andern Fähigkeiten der Seele angepaßt, das was dem Künstler in einem beschränkteren Kreise der Nationalität zu erreichen möglich war, ist ihm für jetzt benommen; die Masse eines ganzen Welttheiles strebt nach ein und demselben Ziele, die neuere Poesie arbeitet nach Kräften an der Wiedereinsetzung der Rechte des Gemüthes; so wie im Leben, so in der Kunst wird der Verstand allein nichts Erhabenes vollbringen, religiöse Ideen haben im Mittelalter diesen Riesen entflammt, und wir zehren im Schatten unserer Nüchternheit an der göttlichen Poesie der Dome, welche die Vergangenheit als Wahrzeichen zurückließ.

Es ist nicht unrecht, wenn man in einer Geschichte der Kunst die verschiedenen Epochen ordnet, wo ganze Völker vom Enthusiasmus für das Schöne begeistert waren, die Ausdrucksweise besonders hervorragender Talente übt immer eine große Nachwirkung auf Zeitgenossen und Nachkommen aus, viele Talente schmiegen sich dem Zauber eines solchen Einflusses, dadurch entstehen gewisse Perioden; der gründliche Forscher wird bemerken, daß religiöse Ideen, freie Institutionen, also Anregungen des Gemüths, durch ihren begeisternden Impuls solche Glanzpunkte in der Kunstgeschichte bezeichnen.

Die Kunst ist die sinnliche Sprache, mit der wir uns schüchtern der Gottheit nähern.

Solche Perioden bezeichnete man als gemeinsamen harmonischen Ausdruck einer größeren Gesellschaft von Künstlern, die einem Volke angehörten, im allgemeinen Sinne ebenfalls mit dem Worte »Styl,« doch soll man nie vergessen, daß hiemit die Individualität nicht gänzlich in dem großen Ganzen verschmolz, der aufmerksame Beobachter wird jedesmal den nationalen Charakter der Form von dem individuellen Ausdruck des Künstlers zu scheiden wissen, doch ist letzterer ungleich schwieriger zu erkennen.

In der Baukunst (eigentlich ein spezieller Theil der Architektonik) tritt manches der Form auf andere Weise beschränkend entgegen; wir haben gezeigt, daß die Materie im Allgemeinen die Art der Gestaltung bedingt, hier erfordert die Verbindung der einzelnen Gebäudetheile zu einem soliden Ganzen, welche wir Konstrukzion nennen, Kenntnisse des Verstandes, welche die Willkür der Form noch bestimmter begrenzen.

Die Schwierigkeit, das Wesen der Architektur zu erfassen, ist für den Laien darin begründet, daß er die Werke dieser Kunst als eine von den Produktionen der Natur gänzlich getrennte und verschiedene Leistung betrachtet. Es ist Jedem einleuchtend, daß Maler und Bildner ihre Motive aus der Natur entlehnen, obwohl sehr oft der irrige Begriff strenger ängstlicher Nachahmung als Ziel des höchsten Kunstproduktes damit verbunden wird. Allerdings bietet uns die Natur keine fertigen Modelle zur ästhetischen Befriedigung unserer Bedürfnisse, doch die *wirkenden*

Kräfte, welche wir bei unsern Werken in Anspruch nehmen, schimmern überall durch, und bestimmen die Art der Gestaltung. Wir erinnern nur beispielsweise an das Gesetz der Schwere! Alle Kräfte, welche diesem Gesetze zuwider wirken, z. B. schiefe Balken der Dachung, flache Gewölbe etc., müssen durch andere entgegenwirkende im Gleichgewichte erhalten werden.

Die Sichtbarmachung eines solchen Vorganges, welche sich in der Konstruktion äußert, und die ästhetische Durchbildung der Formen, welche diese hervorruft, stempeln erst die Werke der Bauwissenschaft zu Werken der Kunst.

Wir sind durchdrungen von dem Grundsatze, daß alles Schöne auch zweckmäßig sein müsse, doch lassen wir den Gegensatz nicht gelten. Ein nüchterner Baumeister kann viele bequeme, zweckdienliche Gebäude schaffen, deshalb sind sie noch nicht Gebilde der Kunst. Nur das Streben, nähere Beziehungen zum Leben kunstgemäß auszudrücken, kann die verständige Form adeln zum Kunstwerke, insbesondere in der Baukunst durch die Versinnlichung der wirkenden Kräfte, an den Durchdringungspunkten, wo selbe im Gleichgewichte erhalten werden. Diese Beziehungen aber, woher könnten wir sie entlehnen, als aus den Eindrücken der gesammten Natur auf unser Denk- und Gefühlsvermögen? – Man hat die Aufgabe der Architektonik eine geraume Zeit vielfach verkannt, man hat selbe als etwas scharf mathematisch Begrenztes von den übrigen Künsten getrennt, man hat ihr bestimmte unabänderliche Schönheitsverhältnisse aufgenöthiget. – Wir betrachten dies als eine arge Beschränkung des künstlerischen Wirkens. – Die Architektur ist eine freie schöne erhabene Kunst; Alles beruht in ihr auf der Wechselwirkung, wie in den andern bildenden Künsten, was in dem einen Falle das höchste Entzücken, den trefflichsten harmonischen Einklang hervorbringt, kann in dem andern das entgegengesetzte Gefühl erwecken. Es gibt keinen Beweis für die absolute Schönheit mathematischer Verhältnisse wie 1:2, 2:3 etc., eben so wenig, als man beweisen könnte, der olympische Jupiter sei weniger schön, als die medicäische Venus; Alles ist relativ, und die Schönheit gleich der Natur unendlich.

Die Bedingungen, welche das Kunstwerk charakterisiren, bestimmen erst die Wahl der würdigsten Mittel, welche dem Künstler bei der Darstellung zu Gebote stehen.

Die architektonischen Verhältnisse eines griechischen Tempels, einer maurischen Halle, einer mittelalterlichen Kirche etc. bieten die größten Kontraste, und waren bedingt durch ein Zusammenwirken von Umständen, welche hier nicht erörtert werden können; ungeachtet dieser Verschiedenheit flößen uns diese genannten Baudenkmale einen hohen Begriff künstlerischer Entwickelung ein, doch kann die Anwendung desselben Ideenganges und ähnlicher Konstruktionsweise den Anforderungen unserer Zeit nie vollkommen genügen, aus dem einfachen Grunde, weil die technischen Mittel, welche uns zu Gebote stehen, eine ganz *neue frische* Durchbildung der Konstruktionsformen hervorrufen werden.

Der allgemeine Grundsatz, die Schönheit solle der organischen Bildung folgen, selbe noch deutlicher versinnlichen, ist die allererste Bedingung guter Architektur. – Jeder Schein, jeder ausgeliehene Flitter, jedes Streben, eine Konstrukzion durch die andere zu maskiren, um irgend einer früheren Ausdrucksweise ähnlich zu werden, ist ein dem menschlichen Verstande und Gefühle gleich widriges Verfahren. Wir erkennen als verständige Konstrukzion nur diejenige an, welche die innige Verbindung der Theile eines Bauwerkes herstellet, und als solche sichtbar bleibt. Der Architekt wird uns verstehen, dem Laien wollen wir durch Beispiele helfen. Wenn ein Ziegelgebäude mit Mörtel und Tünche überzogen wird, um dadurch schlechtes Material, vereint mit schlechter Arbeit, zu verbergen, und den Unbefangenen glauben macht, es sei aus einem einzigen Stücke geformt, so ist dies ein architektonischer Unsinn. Wenn ein großer Raum mit Holz überdeckt wird, diese flache Decke aber den Anschein des Steines erhält, der bei so großer Spannung brechen müßte, so ist dies ein schreiendes Unrecht.

Wenn endlich griechische Architektur nachgeäfft wird, die steinernen Architrave (horizontale Überlagen) mittelst flacher Ziegelgurten ersetzt werden, und der Raum zwischen diesen als Kreuzgewölbe behandelt, das Ganze aber ebenfalls mit Mörtel überzogen wird, so glauben wir, daß die Griechen so viel guten Geschmack und richtiges Gefühl gezeigt hätten, eine solche Ehrenpforte zu meiden.

Diese Beispiele mögen genügen; unsere Architektur strotzt von derlei Unsinn, es ist unmöglich dem Übel auf einmal zu steuern. Nur glauben wir, daß monumentale Gebäude rationell durchgeführt werden sollten, gleichsam um den Weg anzugeben, den wir auch bei Privatgebäuden einschlagen sollten, denn die Zeit ist noch ferne, wo die moderne Konstruktion einen so hohen Grad von Ausbildung erlangen, und die Form dieses verständige Gerippe zu einem schönen Ganzen vereinigen wird. *England* wäre diesem Ziele am nächsten, aber es fehlt im Allgemeinen auch dort das *geistige Bedürfniß* die verständige Konstruktion *schön zu gestalten*.

Ein heftiger Kampf stehet Jedem bevor, der aus dem abgeschlossenen Kreise seiner Studienjahre hinaus ins Leben tritt; es ist nicht zu läugnen, daß wir in anarchischen Kunstzuständen begriffen sind, daß die jüngere Generation öfter nicht weiß was sie soll, aber wir theilen alle dasselbe Schicksal, darum frisch vorwärts und nicht gezagt. Wir danken unsern Vorgängern die Kenntnisse aller Baustyle und die Überzeugung, daß man auf dem Wege der Nachahmung zu nichts gelanget. Man hat aus allen Reichen der Welt volksthümliche Baustyle geholt, es gab Verfechter vom Griechischen bis zum Chinesischen, kaum war das alte Europa ein wenig eingeschult, so kam von ferner Küste irgend ein neuer Seefahrer und brachte das Neueste Beste! Das Publikum hat einen großen Magen, es nahm alles willig auf;

manche Potentaten bildeten sich zu Hause eine kleine Modellsammlung architektonischer Reminiszenzen, die uns lebhaft erinnert an das Spielzeug der Villa d'Este: die merkwürdigsten antiken Gebäude Roms stehen in liliputanischer Verkleinerung im Garten auf einem kleinen Platze zusammengedrängt.

Endlich werden wir doch den Kulminationspunkt der Sättigung erreichen, und etwas Neues Zeitgemäßes schaffen müssen. So wenig passend es von den Veteranen ist, die nach ihrer Meinung ewig genügenden Lieder der klassischen Kunst abzusingen, so unziemend ist es von den Jüngeren, und gar von Einzelnen mit Wort und Zeichnung aufzutreten, und den neuen Styl unseres Jahrhunderts zu proklamiren. Kann *ein* Mensch die Formen erfinden für Konstruktionen, welche beinahe allgemein in der ganzen zivilisirten Welt sich verbreiten? Wir sollten lieber in aller Bescheidenheit uns die Hände reichen zum gemeinsamen Zwecke, ist es ja doch das Loos so vieler tüchtiger Meister gewesen, deren Namen spurlos im großen Ganzen verschwunden sind! Wollen wir Pygmäen der Architektur mehr ansprechen? sollen wir uns nicht glücklich schätzen am großen Werke mitzuarbeiten, und wenn wir unbemerkt, unbeachtet von unseren Zeitgenossen unsere Kräfte dem allgemeinen Zwecke bieten, sollte kein Trost zu finden sein in der Zukunft, die wir Andern bereiten?

Ehe wir von unsern Freunden scheiden, wollen wir versuchen, die nationelle Entwicklung unseres Ideenganges bei dem Entwurfe eines monumentalen Gebäudes hier niederzulegen. Wir verwahren uns gegen jeden Vorwurf des Eigendünkels, unsere Meinungen einer wohlgemeinten Kritik bloßstellend, bitten wir Jeden, der in seinem Innern besser berathen, um Beistand, und glauben, daß, wenn Alle so freimüthig zu Werke gingen, Manches zum Frommen der Kunst geschehen könnte.

Man kann Niemanden die Erfindung lehren, man wird aber nach gemachter Erfahrung die besten Aufschlüsse geben können, wie man zu dieser oder jener Überzeugung gelanget ist.

Wir haben drei Erfordernisse in dieser Schrift berührt, welche diese künstlerische Vollendung eines Werkes der Architektur begründen:

1. Die logische Beurtheilung der Materie, mit der wir zu schaffen haben;

2. die wissenschaftliche Bildung, welche zur verständigen Konstruktion befähiget;

3. die Gabe, den Zweck der durch den Verstand hervorgerufenen noch rohen Form näher zu bezeichnen, und durch den Schönheitssinn zu veredeln.

Diese drei Bedingungen, sich innig durchdringend, schaffen das Ganze, nach Möglichkeit vollendet.

Ist ein Werk der Architektur als Monument unserer Zeit der richtenden Zukunft bestimmt, so wird der Verstand bei der Wahl der Materie die solidesten Mittel zur Erreichung dieses Zweckes wählen, und das Gefühl wird den Ausdruck der Solidität in der

Form zu erreichen suchen. Die nähere Bestimmung des Zweckes eines Gebäudes (nicht dieser oder jener Styl früherer Epoche) bedingt die Wahl der Konstruktion. – Wir werden uns bemühen, die als zweckmäßig befundene Konstruktion so viel wie möglich sichtbar zu machen, das Feine, Magere vermeiden, das Würdige, Imponirende vorziehen, und schon in der rohen Form uns bestreben, die wirkende Ursache der konstruktiven Theile zu zeigen; die hinzukommende Veredlung der Form kann nur die Befriedigung des Beschauers begünstigen, denn wir setzen ja voraus, daß der Zweck durch die ornamentale Behandlung noch näher bezeichnet werde.

Die Materie und die Bestimmung des Gebäudes, beide zusammen, werden das Charakteristische desselben entschieden bedingen; wir haben schon im Eingange bemerkt, daß ein gewaltsames Losreißen von dem Alten, Vortrefflichen uns nur auf Irrwege führen würde. – Wir werden den Geist der Profilirung, die Vertheilung der ornamentalen Anordnung und vieles Andere vortheilhaft zu nützen wissen, aber die neuen Konstruktionen werden auch immer neue Charaktere erzeugen, und wir glauben, nur auf diesem Wege könne die Gesammtheit der jüngern Talente sich immer mehr nähern und einigen, bis endlich nach vielen Jahrzehenden die Charakteristik neuerer Konstruktionsweise durch die Kunst geadelt, den Nachkommen Anstoß geben wird, auf diesem Wege fortzuschreiten, und so zu einem wirklich originellen und nationalen Baustyle zu gelangen.

Österreichische Blätter für Literatur und Kunst, Wien 1845, II. Jahrgang, Nr. 52 und 53, S. 401–404 und S. 411–414

Vittorio Magnago Lampugnani
Anmerkungen zu Otto Wagner

Otto Wagner[1], der aus einer wohlhabenden Wiener Familie stammte, bis zu seinem neunten Lebensjahr von Hofmeistern und französischen Gouvernanten erzogen wurde und anschließend das Wiener Akademische Gymnasium sowie das Konvikt des Benediktinerstifts Kremsmünster besuchte, wurde am Wiener Polytechnischen Institut, an der Berliner Königlichen Bauakademie sowie an der Wiener Akademie der bildenden Künste als Architekt ausgebildet. 1862, unmittelbar nach dem Studienabschluß, trat er in das Atelier Heinrich von Försters ein, einem Sohn des Ringstraßenplaners Ludwig von Förster; bereits kurze Zeit darauf realisierte er seine ersten Bauten.

Sie stellten den Auftakt einer äußerst intensiven und äußerst erfolgreichen professionellen Tätigkeit dar, die jedoch bei aller Brillanz nicht die öffentliche Beachtung fand, die sich Wagner selbst gewünscht hätte. Oft baute er Mietshäuser als sein eigener Bauherr und verkaufte sie, um neue finanzieren zu können. Einiges Prestige brachte ihm die Gestaltung der Dekorationen für den Makart-Feldzug anläßlich der Silbernen Hochzeit des Kaiserpaares 1879 ein; an seiner konkreten professionellen Situation änderte es jedoch so gut wie nichts.

1886–1888 baute Wagner seine erste Villa in einem Wiener Vorort: sie geriet zur Materialisierung jenes »Rosenhauses«, das Adalbert Stifter 1857 in seinem Roman »Der Nachsommer« als idealen Ort für die Kultivierung eines privaten ästhetischen Lebens beschworen hatte. Ebenfalls 1886 veranstaltete Wagner eine Kollektivausstellung seiner Arbeiten im Künstlerhaus. 1890 gab er im Eigenverlag eine kostspielig aufgemachte Auswahl seiner Arbeiten unter dem Titel »Einige Scizzen, Projecte und ausgeführte Bauwerke«[2] heraus; das Titelseitenmotiv zeigte eine antikisierende Architekturphantasie. Diese Sammlung sollte der erste Band von vier werden: Band II erschien 1897, Band III 1906, Band IV 1922, vier Jahre nach dem Tod des Architekten.

1892 schrieb die Stadt Wien einen internationalen Wettbewerb aus, dessen Ergebnisse die Grundlagen für die Ausarbeitung eines Generalregulierungsplans »über das gesammte Stadtgebiet« liefern sollte. Die Verkehrsproblematik stand, ganz im Einklang mit der Zeit, im Vordergrund. Wagner reichte sein Projekt unter dem Kennwort »Artis sola domina necessitas« ein, einem Wahlspruch, den er unmittelbar von Gottfried Semper übernahm. Das rationalistisch-klassizistische, funktionalistische Konzept, das er ausarbeitete, sollte 1911 in die einflußreiche Studie »Die Groszstadt«[3] eingehen; und auf Grund dieses Projektes wurde Wagner zum künstlerischen Beirat der Kommission für die Wiener Verkehrsanlagen sowie der Donau-Regulierungskommission gewählt. Dies führte bald darauf zu seiner Beauftragung für den Bau der Stadtbahn (1894–1901) respektive der Wehr- und

Schleusenanlage in Nußdorf (1894–1898) sowie der Kaianlage am Donaukanal und der Staustufe Kaiserbad (1898–1908): Aufträge, die ihm rasch zu Bekanntheit und Ansehen verhalfen.

1894 wurde Wagner ordentlicher Professor und Leiter einer »Special-Klasse« für Architektur an der Akademie der bildenden Künste in Wien. Er trat dabei die Nachfolge von Karl von Hasenauer an; von ihm übernahm er auch Joseph Maria Olbrich als Mitarbeiter und Josef Hoffmann als Schüler. Olbrich blieb fünf Jahre in Wagners Atelier; als 1899 die Leitung der Architekturklasse an der Wiener Kunstgewerbeschule vergeben werden sollte, setzte sich Wagner ebenso intensiv wie erfolglos für ihn ein. Olbrich ging daraufhin, vom Großherzog Ernst Ludwig von Hessen eingeladen, nach Darmstadt, wo er die Künstlerkolonie aufbaute. Hoffmann arbeitete nach Beendigung des Studiums und dem anschließenden obligaten Italienaufenthalt ebenfalls in Wagners Büro und übernahm später das Olbrich zugedachte Lehramt.

1895 gab Wagner, auf der Grundlage von Vorlesungsmitschriften seines Schülers Max Fabiani, das aufsehenerregende Buch »Moderne Architektur«[4] heraus; es wurde 1899, 1902 und 1914 unter dem Titel »Die Baukunst unserer Zeit« wiederaufgelegt und in mehrere Sprachen übersetzt. Der Band unterscheidet sich in seiner argumentativen Struktur zunächst nicht von den zur Zeit gängigen Pamphleten: er greift die akademische Tradition im Namen der persönlichen künstlerischen Freiheit an. Die Töne sind von jenen nicht fern, die Friedrich Nietzsche ungefähr zehn Jahre früher in »Also sprach Zarathustra« angeschlagen hatte: »Der Künstler ist vor allem eine gebärende, individuell geprägte Natur. Das Schöpferische in ihm ist seine Haupttugend. Es kann in künstlerischer Beziehung keine Phylantropie geben, da jede Unterstützung des Schwachen das Kunstniveau herabdrücken muß. In der Kunst ist nur der Starke zu fördern, denn nur dessen Werke wirken vorbildlich, also kunstfördernd. Schon ein anderer hat es gesagt: keine Gnade für die Mittelmäßigkeit in der Kunst[5].«

Doch dient das übersteigerte Pathos des »Supermenschen« dazu, ein bemerkenswert zukunftsbezogenes Plädoyer für einen gereinigten Stil vorzubringen, der seine Ausdruckskraft aus den Aufgaben, den Materialien und den Konstruktionsformen der neuen Zeit ableitet. Die Publikation markierte mithin einen Einschnitt in Wagners Denken und Entwerfen: hatte er bis dahin im kulturell pluralistischen Wien zwischen der historistischen Rhetorik der letzten großen Architekten der Ringstraße (Gottfried Semper, Theophil von Hansen, Karl von Hasenauer) und dem romantischen Rationalismus der Schinkelschule geschwankt, entschied er sich nun eindeutig für den letzteren, den er – auch auf Grund seiner polytechnischen Ausbildung – technologisch interpretierte. Wagner selbst sah um diese Jahre einen »Neuanfang« seiner Arbeit.

1897 erschien eine Veröffentlichung von Architekturprojekten »Aus der Wagner-Schule«[6], die erste einer Reihe, die bis 1910 fortgesetzt werden sollte. Die Sammelhefte hatten weltweit großen Einfluß: unter anderem auf den italienischen »futuristischen« Architekten Antonio Sant'Elia.

Im Frühjahr des selben Jahres 1897 wurde die Wiener Secession ins Leben gerufen; zu den Gründungsmitgliedern gehörten Gustav Klimt (der der erste Secessions-Präsident wurde) und Joseph Maria Olbrich; Josef Hoffmann trat im Sommer bei. Mit der Zeitschrift »Ver Sacrum«, zu deren regelmäßigsten Mitarbeitern Klimt selbst zählte, die teilweise von Ferdinand Hodler illustriert wurde und deren literarische Beiträge unter anderem von Hugo von Hofmannsthal und Rainer Maria Rilke stammten, erhielt die Secession ein eigenes Publikationsorgan. Wagner, der mit Klimt eng befreundet war, trat ihr 1899 bei – und damit automatisch aus dem (konservativen) Künstlerhaus aus.

Der Skandal, den er damit verursachte, war unverhältnismäßig.

Wagners Annäherung an den Jugendstil bewirkte in seinem Œuvre mitnichten ein Verlassen der streng rationalen Prinzipien, denen seine letzte Architektur verpflichtet gewesen war.

Obschon Wagner mit seinem Beitritt zur Secession die Aufmerksamkeit der Öffentlichkeit auf unangenehme Weise erregte, sollte er damit seinen zunehmenden professionellen Erfolg nicht konkret präjudizieren. Seine Bau- und Entwurfstätigkeit setzte sich mit unveränderter, ja steigender Intensität fort. Hinzu kam, daß Wagners Glanz auf seine Schüler übergriff[7]. Etliche vermochten brillante Karrieren zu verzeichnen: In Wien wirkten Persönlichkeiten wie Hermann Aichinger, Leopold Bauer, Karl Ehn, Max Fellerer, Franz und Hubert Geßner, Josef Hoffmann, Emil Hoppe, Marcel Kammerer, Oskar Laske, Ernst Lichtblau (später USA), Rudolf Perco, Josef Plečnik (später Prag, Ljubljana), Heinrich Schmid und Otto Schönthal, in den Bundesländern Mauriz Balzarek (Linz) und Wunibald Deininger (Salzburg). In Prag arbeiteten Josef Chochol, Bohumil Hübschmann, Paval Janák und Jan Kotěra, zentrale Figuren des tschechischen Kubismus.

Joseph Maria Olbrich war, wie bereits erwähnt, in Darmstadt tätig, Max Fabiani erst in Wien und später in Gorizia. István Benkó-Medgyaszay (Budapest), Viktor Kovačić (Zagreb) und Giorgio Zaninovich (Triest) wurden zu Impulsgebern für die Architektur ihrer Heimatländer. Rudolph Michael Schindler und Richard Neutra (der nie bei Wagner studierte, aber stark von ihm beeinflußt wurde) führten den europäischen architektonischen Modernismus in die Vereinigten Staaten von Amerika ein. Schließlich knüpfte Adolf Loos, der allerdings kein Schüler von Wagner war und dessen Beziehungen zum »Meister« stets kühl blieben, an die rationalistisch-funktionalistische Doktrin von »Moderne Architektur« an, als er seine Polemik gegen den Ästhetizismus der Secession begann.

Tatsächlich wurde Wagner gleichzeitig Vater, Mentor und Galionsfigur einer Vielfalt von Gärungen innerhalb der Wiener architektonischen Kultur des anbrechenden 20. Jahrhunderts, indem es ihm gelang, in das breite Strombett des Klassizismus die neuen Quellen der romantischen Secession und des aufkeimenden sachlichen Rationalismus einzuleiten. Sein empirischer Positivismus, seine plakative Doktrin vom »Nutzstil« und sein solides technisches und künstlerisches Training verhalfen seiner Schule bald zu legendärem Ruf.

Dabei war Wagners Position in Wien weder unstrittig noch unumstritten. Sein Antipode war Friedrich Ohmann, der aus Prag gekommen war und die zweite »Special-Klasse« an der Akademie der bildenden Künste leitete; dessen romantisierende, emotional betonte Architektur spiegelte den Geist des Wiener Fin de siècle viel eher wider als die optimistisch vorwärtsdrängenden Konzeptionen Wagners. Daneben bestanden verschiedene konservative Schulen (etwa die eines Karl König) an der Technischen Hochschule, aus welchen die kritischen Intellektuellen der Wiener Architektur (Josef Frank, Oskar Strnad) hervorgehen sollten.

1905 trat eine Gruppe von Mitgliedern, die sich um Klimt scharten, aus der Secession aus: darunter Wagner, Hoffmann und Kolo Moser. Die beiden letzteren hatten 1903 (im Todesjahr Camillo Sittes und Publikationsjahr von Otto Weiningers »Geschlecht und Charakter«) zusammen mit Fritz Wörndorfer die Wiener Werkstätte gegründet, welche die handwerkliche Tradition der Jugendstil-Strömung in einer von William Morris und der englischen Arts-and-Crafts-Bewegung inspirierten Kunsthandwerk-Werkstatt weiterleben lassen sollte. Doch auch sonst war die Secessions-Zeit fruchtbar gewesen: so hatte Wagner Charles Rennie Macintosh und dessen Frau Margaret Macdonald kennengelernt, als sie 1900 zur 8. Secessionsausstellung nach Wien gekommen waren, und ein Jahr später Henry van de Velde, der einen Vortrag über Kleidermoden hielt.

Die weiteren Jahre waren für Wagner von Erfolgen und Rückschlägen gekennzeichnet. Besonders schmerzlich waren die Auseinandersetzungen um die Neugestaltung des Wiener Karlsplatzes und den (damit unmittelbar zusammenhängenden) Bau des Stadtmuseums: Peter Behrens, der Mitglied der Jury war, gelang es, Wagner einen der beiden ersten Preise zukommen zu lassen, aber das Projekt wurde nicht ausgeführt. Indessen entwickelte sich Wagners Stil in Richtung einer zunehmenden Klarheit und Einfachheit.

1912 wurde Wagner, der die Siebzig-Jahre-Grenze überschritten hatte, von seinen Lehrpflichten enthoben; nach längeren Streitigkeiten trat sein Schüler Leopold Bauer, eine mediokre und bei den Studenten ungeliebte Figur, Wagners Nachfolge an. Dies gab unter anderem den Anstoß dafür, daß Adolf Loos eine eigene, private Bauschule eröffnete.

Im April 1918 starb Wagner und hinterließ eine kulturelle

Erbschaft, die nicht nur die Wiener Architektur der zwanziger Jahre entscheidend prägen (die »Superblocks« sind durch das Pathos der architektonischen Gesamtform und durch die pluralistische Detailsprache gekennzeichnet, zwei Charakteristika von Wagners Architektur), sondern weit über Österreichs Grenzen hinaus Einfluß auf die architektonische Kultur haben sollte.

Anmerkungen

[1] Vergleiche: Josef August Lux, Otto Wagner, München 1914. Und: Heinz Geretsegger und Max Peintner unter Mitarbeit von Walter Pichler, Otto Wagner 1841–1918. Unbegrenzte Großstadt, Beginn der modernen Architektur, Residenz Verlag, Salzburg 1964. Und auch: Carl E. Schorske, Fin-de-Siècle Vienna. Politics and Culture, Cambridge 1981

[2] Otto Wagner, Einige Skizzen, Projekte und ausgeführte Bauwerke, Band 1, Wien 1890

[3] Otto Wagner, Die Groszstadt, Eine Studie über diese von O. W., Wien, März 1911

[4] Otto Wagner, Moderne Architektur. Seinen Schülern ein Führer auf diesem Kunstgebiete, Wien 1895

[5] Zitiert nach: Josef August Lux, Otto Wagner, op. cit., IV Kapitel

[6] Aus der Wagner-Schule 1897, Wien 1897

[7] Vergleiche: Otto Antonia Graf, Die vergessene Wagnerschule, Wien 1969

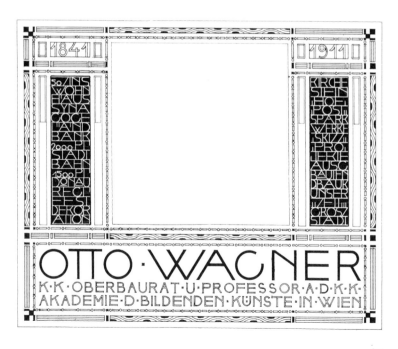

Ákos Moravánszky

Byzantinismus in der Baukunst Otto Wagners als Motiv seiner Wirkung östlich von Wien

In der östlichen Reichshälfte der Donaumonarchie, wo alles, was aus Wien kam, mit Eifersucht betrachtet oder entschlossen abgelehnt wurde, hat die Architektur Otto Wagners einen nachhaltigen Einfluß gehabt. Westlich von Wien dagegen – sowohl in Österreich als auch in Deutschland – sprach man oft etwas abschätzend über die »parfümierte Welle« der jungen Wiener Architekturbewegung um die Jahrhundertwende, wo *»der harten schwieligen Hand des Werkmeisters ... die elegant gepflegte Hand des Weltmannes«* gegenübersteht[1]. Die wenigen Bauten, die dort unter dem Einfluß der Architektur Wagners entstanden sein sollen[2], zeigen weniger Ähnlichkeit zu den Werken des Wiener Baukünstlers als z. B. ganze Bauensembles in Großwardein, im östlichen Teil der ehemaligen Donaumonarchie (heute Oradea, Rumänien). Diesen scheinbaren Widerspruch möchte ich im vorliegenden Beitrag auflösen, indem ich die innere Verbindung der Architektur Otto Wagners mit der Kultur und Baukunst des Orients, insbesondere von Byzanz, aufzuzeigen versuche.

Otto Wagner hielt 1911 einen Vortrag in Budapest mit dem Titel *»Die Qualität des Baukünstlers«*. Er kritisierte, daß die technischen Hochschulen Studenten aufnehmen und diese zu Architekten ausbilden, die keine angeborenen künstlerischen Fähigkeiten hätten. In seiner Vorlesung konnte er auch nicht verhehlen, daß in Ungarn *»in bezug auf die Kunst nicht alles so ist, wie es sein könnte«*[3]. Kein Wunder, daß er damals als ein Gegner der »nationalen Richtung« der ungarischen Architektur galt[4], dessen Vaterfigur Ödön Lechner (1845–1914) war[5].

Im Jahre des Besuchs von Wagner in Budapest erschien in der exklusiven Architektur- und Kunstzeitschrift »A Ház« (Das Haus) ein Aufsatz mit dem Titel »Wagner und Lechner«[6]. Verfasser des Beitrags war ein früherer Mitarbeiter Ödön Lechners (später einer der Sieger des Wettbewerbs für den Völkerbundpalast in Genf): József Vágó (1877–1947). Er würdigte die Tätigkeit der beiden alten Meister, indem er die Gemeinsamkeiten ihrer künstlerischen Auffassung betonte:

»Zwei Künstler – verschieden in Erscheinung, aber ähnlich in Schicksal und Lebenslauf; verschieden in Äußerlichkeiten ihrer Tätigkeit, doch durch ähnlichen Geist beseelt ... Unter ihren Händen haben die Wunder der Technik die Blume der Kunst emporgetrieben, die tote Arbeit der Maschinen mit Geist erfüllt. Alles, was die Technik, die Hygiene, die Sozialwissenschaft, die Ästhetik bisher erfand, haben sie vereint und als Festgeschenk der Menschheit überreicht: das bist Du, Mensch, das hast Du erworben, alles gehört

Dir. Dir gehört die Luft, das Licht, das in Dein gut errichtetes Zimmer eindringt; Dir gehören das Gas, die Elektrizität, der Fernsprecher: alle Errungenschaften der Technik sind nur dafür, um Dein Leben leicht und angenehm zu gestalten.

Die beiden alten Meister haben den planmäßig vorbereiteten und gestifteten Strömungen der Kunstlosigkeit den Kampf angesagt ... Statt einer sklavischen Anbetung von Idolen haben beide die Liebe des gegenwärtigen pulsierenden Lebens, die Großartigkeit des Frühlings und der Natur verkündet und dem Menschen sich selbst zurückgegeben ...[7]«

Vágós Bemerkungen über die Akzeptierung, sogar Bejahung des technischen Fortschritts mit dem gleichzeitigen Anspruch auf das Natürliche und das Künstlerische scheint sehr wesentlich zu sein. Eine vergleichende Analyse der Bauten Wagners und Lechners – was jedoch den Rahmen dieses Beitrags sprengen würde – könnte die Verwandtschaft gewisser Züge der Architektur der beiden Baukünstler bestätigen[8]. Für beide Architekten bedeutete die Kunst des Orients eine wichtige Inspirationsquelle. *»Im Morgenland wuchs der Stamm meines Baumes«*, lautete der Wahlspruch Lechners. Er stellte fest: *»Die Kunst der asiatischen Völker, die uns durch die Lehren der klassischen Schule hermetisch verschlossen war, beginnt schon eine sehr stark fühlbare Wirkung auf das gesamte Europa auszuüben ... Diese Monumentalität ist für die europäischen Völker, die sich an der großen Antike und dem christlichen Mittelalter herangebildet haben, eine unerläßliche Bedingung ...[9]«*

Der Orientalismus – als eine exotische Variante des Geschmackskosmopolitismus des 18. und 19. Jahrhunderts – spielte in den Ländern der Monarchie bei bestimmten Bauaufgaben eine wichtige Rolle. Die Budapester Synagoge Otto Wagners (1888–1873) ist eines der schönsten Beispiele der in Mitteleuropa sehr verbreiteten, romantischen, in maurisch-byzantinischem Stil errichteten Tempeln, die zu einem gemeinsamen Vorbild zurückzuführen sind: zur Dresdener Synagoge Gottfried Sempers (1838–1840).

Im Falle der Budapester Synagoge war es die Architektur Sempers, die für den jungen Wagner maßgebend war. Seine spätere Laufbahn löste sich jedoch weitgehend vom Historismus Sempers ab und ist als eine konsequente Verwirklichung der Semperschen Theorie zu betrachten. Auch die orientalischen Züge der Architektur Wagners wurzeln in der Gedankenwelt Sempers. Im großen Werk Sempers, »Der Stil«, forscht der Verfasser nach dem Ursprung der Architektur und gelangt zu der Textilkunst, deren Grundelement, der Knoten, zugleich Symbol der menschlichen Kultur ist. Die Wände der Bauten des alten Orients bestanden aus zierlichen Teppichen, die eine raumbegrenzende und eine ästhetische Funktion hatten. Damit hängt die Bekleidungstheorie Sempers zusammen: die menschliche Kultur ist von dem den Willen nach Maskieren, Verkleiden begleitet. Die applizierte Dekoration der zuerst als Provisorien gedachten

Denkmäler oder Triumphbögen ermöglichte später die *»komme-morative Verewigung«* der großen Augenblicke der Geschichte – die Maske wurde in dauerhaftes Material übertragen, zum Symbol, Zeichen für die Gegenwärtigkeit des Menschen im Kosmos[10].

Die textilhafte Behandlung der Fassade zeigt sich schon bei den frühen Bauten Wagners – durch die nach oben immer üppigere Ornamentik erscheinen z. B. die Wandpfeiler des Miethauses in der Universitätsstraße wie Stoffbahnen. Die Auffahrt des Hofpavillons der Stadtbahn ist mit ihrem primären Eisengerüst bzw. ihrer baldachinartigen Bedachung den von Semper erwähnten persischen Apadana-Vorbauten ähnlich, wo zu einer zentralen Halle seitliche Zeltbauten gekoppelt sind. (Das trifft im Falle der meisten Vordachkonstruktionen Wagners zu, die aus einem vom Hauptbau unabhängigen Gerüst und einer textilhaften »Bespannung« bestehen.) Der Wartesaal des Hofpavillons erweckt den Eindruck, daß man aus einem Zelt die Stadt betrachtet, das auf einem Hügel aufgeschlagen ist.

Es ist jedoch die Kirche am Steinhof, wo man den Geist von Byzanz am stärksten fühlt. Es ist der religiöse Quietismus der Spätantike und der Ostkirche, die den lichtüberfluteten, richtungslosen Raum unter dem Sternenhimmel der inneren Kuppel von den Richtungsbauten des Westens unterscheiden. Es ist die Bezeichnung »abstrakt«, was für diese Architektur gilt, die Wand erscheint unelastisch und starr, jedoch – um eine Feststellung Jantzens über die Hagia Sophia zu zitieren – *»mit einer neuen und feinen Durchzeichnung in der Gliederung und mit der Absicht auf eine neue Sinngebung des Ganzen«* [12].

Wagner war kein großer Konstrukteur; aus der Sicht der Konstruktion sind die Bauten Ohmanns interessanter. Er strebte nach einer neuen Ästhetik, deren Grundlage die Vergoldung, Verzierung des Skeletts der Notwendigkeit (die zwar Herrin der Kunst, aber nicht selbst die Kunst ist) durch die Schönheit. Notwendig ist jedoch, daß dieses »Mehr« in seiner Applikation gezeigt wird – das ist die »Wahrheit« der Kunst. Eine Theorie, die die Bejahung der Notwendigkeit des technischen und gesellschaftlichen Fortschritts beinhaltet, aber die Applikation einer ästhetischen Hülle fordert, ist sozusagen aus taktischer Sicht auch bemerkenswert: Der Architekt hat früh erkannt, daß nach der Auflösung des feudalen Kulturapparates wichtige Gebiete der Planung durch den Ingenieur okkupiert wurden, der den Anforderungen des industriellen Zeitalters mehr gewachsen ist, und für den »Baukünstler« die Einrichtung von Luxuswohnungen oder die Inszenierung von Festzügen oder Ausstellungen übrigbleibt. Es ist kein Zufall, daß auf der Fassade von Wagners Miethaus am Rennweg in der Hauptachse das Porträt Dürers erscheint (der den Festzug von Kaiser Maximilian entwarf) – oder daß die neuere Wiener Architektur ihre Spitzenleistungen eben auf dem Gebiet des Provisorischen (Portale, Einrichtungen, Inszenierungen) leistet . . . In einer Zeit also, als Architektur als Beruf anachronistisch erscheint, war und ist die Theorie Sempers und die Tätigkeit Wagners geeignet, die Notwendigkeit der Baukunst »trotzdem« zu begründen. In der ritualisierten Monarchie diente sie auch der imperialen Machtrepräsentation. Die Beziehungen der Kultur der Monarchie zu Byzanz wurden oft erwähnt[13]: Gustav Klimt – nach Wagner *»der größte Künstler, den die Erde je getragen«*[14] hat – war stark von der byzantinischen Mosaikkunst beeinflußt[15], und auf der Briefmarke von Kolo Moser erscheint der Kaiser einem byzantinischen Imperator ähnlich.

In Ungarn, wo die Beziehungen zu Byzanz im Mittelalter sehr wichtig waren (z. B. familiäre Verbindungen der ungarischen Könige; Zeugen dieser Orientation sind einige zentrale Kirchenanlagen oder selbst die Heilige Krone, die aus Konstantinopel stammt), blieb der orientalische Zug der Architektur Wagners nicht ohne Wirkung. Architekten wie József Vágó, die Gebrüder Jónás, das Büro Kármán und Ullmann oder Emil Ágoston haben charakteristische Elemente seiner Formensprache, wie z. B. die sichtbare Fixierung der Plattenverkleidung, verwendet. Der Innenraum der reformierten Kirche in Budapest (1911–1913) von Aladár Árkay – Schwiegersohn eines früheren Otto Wagner-Mitarbeiters – zeigt eindeutig die Wirkung der Kirche am Steinhof. Der bedeutendste ungarische Wagner-Schüler, István Medgyaszay, betrachtete auf der Suche nach einer »künstlerischen Lösung des Eisenbetonbaus« außer der ungarischen Bauernarchitektur die orientalische Baukunst als Quelle seiner Formensprache; so unternahm er auch Reisen in den Orient. Sein Theater in Veszprém (1908) mit seiner zweischaligen Deckenkonstruktion und weichen, »gegossenen« Formen ist eine Weiterführung der Gedanken Sempers auf dem Gebiet der Stahlbetonarchitektur[16].

In anderen Ländern bzw. Nachfolgestaaten der Donaumonarchie war die Rolle der Wagner-Schüler noch wichtiger. In Prag war zwar die Entwicklung des Architekturkubismus mit einer Kritik der Bekleidungstheorie und des Rationalismus Sempers und Wagners verbunden (auf dem theoretischen Grund des Semper-Kritikers Alois Riegl)[17] – der Kubismus war von der Wagner-Schule trotzdem nicht unabhängig: einige seiner Schildträger waren frühere Wagner-Schüler; Zeichnungen und realisierte Werke eines K. M. Kerndle zeigen eine dem Kubismus verwandte Haltung.

Auf südslawischem Gebiet war es ebenfalls der Bezug zu der Kunst von Byzanz bzw. der Ostkirche, der die Verwendung der Lehren der Wagnerschen Architektur erleichterte. Als Beispiele seien hier die St. Blasius-Kirche in Agram von Viktor Kovačić, 1907, oder – schon in *Triest* – das frühere slowenische Gemeinschaftszentrum von Max Fabiani, 1905, mit einer vom Dogenpalast inspirierten Fassade erwähnt. Unter den italienischen Architekten ist es Raimondo d'Aronco, der am stärksten von der Tätigkeit des Wagner-Kreises beeinflußt war. Ist es ein reiner Zufall, daß er 1893 bis 1908 als Architekt des Sultans Abdul

Hamid zur Entwicklung der türkischen Baukunst beitragen konnte? In Bukarest entstand die Villa Assan (um 1908) von Marcel Kammerer, die man selbst in Wien zu den wichtigsten »wagnerianischen« Werken zählen würde. In Rußland war es die große Jugendstilausstellung im Jahre 1902 in Moskau, die sich für die spätere Entwicklung als wegweisend erwies. Zwei Architekten aus dem Ausland waren vorgestellt: Joseph Maria Olbrich und Charles Rennie Mackintosh; die Beziehung des letzteren zu Wien sei hier nur erwähnt[18].

Es sind jedoch nicht die Ausstellungen und die ausgeführten Werke der Schüler und Mitarbeiter Wagners, die eine wirkliche »Ausstrahlung« bedeuten. Das vielleicht wichtigste Werk der Wiener Secession entstand ja in Brüssel – und blieb dort ohne Wirkung, als Fremdkörper zumindest in der geistigen Umgebung der Bauten Hortas oder Hankars. Das eigene Haus von Peter Behrens auf der Mathildenhöhe in Darmstadt hat für die Entwicklung der deutschen Architektur mehr bedeutet als die ganze übrige Künstlerkolonie von Olbrich. Liegt es wohl auf der *»schwieligen Hand«*?. Die Wettbewerbspläne Wagners haben im Ausland nicht viel Verständnis geerntet. Selbst in Österreich, in Städten wie Graz oder Innsbruck, entstanden höchstens provinzielle Varianten einzelner Werke Wagners[19]. Die großen, stadtbildbestimmenden Entwürfe Wagners für Budapest (Stadtverschönerungsplan für Pest, Regierungsviertel, Wettbewerbspläne des Parlaments) wurden zwar nicht verwirklicht, in der ungarischen Hauptstadt und in anderen Zentren der Monarchie östlich von Wien war die Architektur Wagners trotzdem als Ausdruck einer rationalen, aber poetischen Ordnung verstanden – und verwendet –, worauf man nach Perioden des Experimentierens immer wieder zurückgreifen kann[20].

Anmerkungen

[1] Fritz Schumacher: Strömungen in deutscher Baukunst seit 1800. Köln 1955 (Reprint: Braunschweig 1982), S. 114 u. 119

[2] z. B. Bruno Taut: Haus am Kottbusser Damm, Berlin-Neukölln 1910–11. In: Iain Boyd Whyte: Bruno Taut – Baumeister einer neuen Welt. Stuttgart 1981, S. 27

[3] Otto Wagner: Die Qualität des Baukünstlers. In: Der Architekt, 1912, S. 1

[4] Sogar das angesehene ungarische Lexikonwerk der Zeit (»Révai-Lexikon«) erwähnt ihn in diesem Sinne.

[5] Lechner hat andererseits (in einem Vortrag in Szeged, 1902) als Zeichen der Ermüdung der Wiener Secession bemerkt, daß man assyrische Formen ohne landeseigenen Bezug verwendet.

[6] Vágó József: Wagner és Lechner. In: A Ház, 1911, S. 365

[7] Vágó, op. cit.

[8] Siehe Ákos Moravánszky: Die Architektur der Jahrhundertwende in Ungarn und ihre Beziehungen zu der Wiener Architektur der Zeit. Wien 1983, S. 52

[9] Edmund Lechner: Mein Lebens- und Werdegang. In: Bildende Künstler, Wien und Leipzig 1911, Heft 12, S. 570

[10] Im Erkennen der Berührungspunkte der Theorie Sempers und der Architektur Wagners haben mir Gespräche mit Dr. Roland L. Schachel viel geholfen. Hier bedanke ich mich für seine Hilfe.

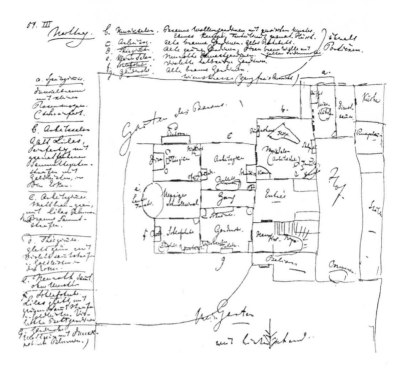

Skizze der Penzinger Wohnung mit Wagners ausführlichen Anweisungen für die Ausstattung

[11] Johann Bernhard Fischer von Erlach: Entwurff einer historischen Architectur. Wien 1721 (Taschenbuchausgabe: Dortmund 1978)

[12] Hans Jantzen: Die Hagia Sophia. Köln 1967, S. 63

[13] z. B. Johann Apfelthaler: Byzantinismus. Klimt und die Secession. In: Kristian Sotriffer (Hrsg.): Das größere Österreich. Wien 1982, S. 165

[14] Zitiert in: Hans Ostwald: Otto Wagner – Ein Beitrag zum Verständnis seines baukünstlerischen Schaffens. Baden 1948, S. 23

[15] Christian M. Nebehay: Gustav Klimt: Dokumentation. Wien 1969, S. 495

[16] Siehe Ákos Moravánszky: Ein ungarischer Wagner-Schüler. Die Architektur von István Medgyaszay vor dem Ersten Weltkrieg In: bauforum 1981, Nr.83–84, S. 17

[17] Siehe Marco Pozzetto: Die Schule Otto Wagners. Wien und München 1980

[18] Grigori J. Sternin: Das Kunstleben Rußlands zu Beginn des zwanzigsten Jahrhunderts. Dresden 1980, S. 237

[19] z. B. Mietshaus in der Conradstraße 6 von Johann Mayr (?) in Innsbruck (1900–1902), oder die Kirche im Landeskrankenhaus in Graz von Franz Gabrić (1912–13). Siehe Friedrich Achleitner: Österreichische Architektur im 20. Jahrhundert, Band I. u. II. Salzburg und Wien 1980 u. 1983

[20] Über die Wirkung Otto Wagners in Ungarn: Ákos Moravánszky: Otto Wagner und die ungarische Architektur der Jahrhundertwende. In: Steine sprechen. 1984/75

Wolfgang Pehnt
Verwerfungen im Untergrund

Zur Psychopathologie von Wagners Architektur – eine Spekulation

Die Auseinandersetzung zwischen Zweck und Schönheit, Nutzen und Ästhetik, Brauchbarkeit und Form ist ein Konflikt, der die gesamte Geschichte der Nutzkunst Architektur durchzieht. Er hat sich in der Neuzeit mit ihren völlig neuartigen Programmen und Konstruktionen verschärft, und Otto Wagner hatte einen entscheidenden Anteil daran. Wagner hat sich exemplarisch den modernen Aufgaben der Großstadt gestellt. Er verstand die Stadt als eine dynamische, in steter Ausdehnung begriffene Struktur, auf die der Städtebauer mit einer Offenheit antworten mußte, die malerische Kompositionen à la Camillo Sitte ausschloß. »Die Ausdehnung einer Großstadt muß unserem heutigen Empfinden nach eine unbegrenzte sein[1]«. Gleichwohl war er nicht bereit, auf die anschauliche Wirkung der Stadt zu verzichten. Weit entfernt davon, »künstlerische Bestrebungen als etwas Überflüssiges hinzustellen[2]«, hielt Wagner an der Einheit von Kunst und Realität fest, aber er wollte sie aus einer rationalen Stadtstruktur gewinnen. Statt des behaglichen Gartenstadtidylls plante Wagner die Großstadt für die Menge, was einen deutschen Rezensenten seines *Großstadt*-Buches zu der indignierten Bemerkung veranlaßte: »Der Österreicher mag vielleicht nach der Empfindung einzelner Bevölkerungskreise gern in der Menge als ›Nummer‹ verschwinden, der Deutsche und Engländer aber nicht[3].«

Theoretische Äußerungen Wagners, aber vor allem seine Bau- und Planungspraxis lassen den planmäßig ordnenden Eingriff als eine künstlerische Tätigkeit an sich erscheinen. Zeitabhängigkeit wie Modernität Wagners erklären sich aus diesem Punkt. Er verschloß sich keiner aktuellen Notwendigkeit, aber er bestand darauf, sie in seinen Kunstbegriff einzubeziehen. Von diesem strengen Anspruch her kam er zu der hypertrophen Formulierung vom Architekten als der »Krone des modernen Menschen«. Dem Architekten ist die herkulische Arbeit auferlegt, den »Idealismus der Kunst« und den »Realismus« der zeitgenössischen Zivilisation miteinander zu vereinigen[4].

Einen auffälligen Anteil an den Zweckanforderungen, die Wagner der modernen Epoche entnahm, beansprucht die Hygiene. In den Bauten und Entwürfen, die er für die Irrenanstalt Am Steinhof, die Lupusheilstätte und die Höhen- und Sonnenheilstätte Palmschloß bei Brixen anfertigte, war es ohnehin geboten, sich an Gesichtspunkten der Krankenpflege und Gebäudereinhaltung zu orientieren. In St. Leopold Am Steinhof, der Kirche der Landesheilanstalt, ging seine Fürsorge so weit, das Weihwasserbecken mit Fließwasser zu versorgen, um eine Infektionsquelle zu vermeiden. Der Fußboden ist zum Altar hin abgesenkt, damit er leichter gereinigt werden kann[5].

Wagners Interesse an Hygiene erstreckte sich weit über die Bauaufgabe Krankenhaus hinaus. In dem Badezimmer, das er auf der Wiener Jubiläums-Ausstellung 1898 zeigte, zelebrierte er mit einer gläsernen Wanne und einer von Ferne an ein barockes Altarretabel erinnernden, geschweiften Wandverkleidung aus Marmor den Kult der Reinlichkeit. Bei Kirchenbauten nahm die Befriedigung aller praktischen Bedüfnisse, wie Sichtbarkeit und Schalldispersion, Heizung, Lüftung und Sanitärräume, seine volle Aufmerksamkeit in Anspruch. Die Kirche war der »modernen Menschheit« gewidmet, nicht dem »unbekannten Gott«[6]. In Wagners Überlegungen zum Hotelbau nahmen hygienische Überlegungen den Charakter von Obsessionen an. Hotelunterkünfte dienen ausschließlich dem reinen und gesunden Schlaf und der Körperpflege. »Es geht nicht an, für die Benützung des 00 ›Platzkarten‹ auszugeben oder die warme Brille des Vorgängers zu benutzen oder durch andere Dinge in der persönlichsten Weise belästigt zu werden; es geht nicht an, stoffliche Bestandteile des Raumes mit Wandbehang, Kuvert- und Bettdecken, Bettvorlegern etc., welche ein nackter Körperteil eines Passagiers berührt haben kann, den nächstfolgenden Passagier wieder benützen zu lassen[7].« Bei Denkmälern spielt der Gedanke, wie ihre »völlig tadellose, nicht kostspielige Reinigung (durch Abspritzen) herstellbar wäre«, eine wichtige Rolle[8]. Der Schmutzphobie entspricht der Waschzwang.

Die glatten, glänzenden, staubabweisenden Materialien, die Wagner schätzte, Majolika, Steinzeug, Mosaik, weisen jeden Berührungswunsch ab. Sie appellieren nur an den optischen, nicht an den Tastsinn. So werden Außenwände mit Leisten oder Flächen aus schwarzem, blauem, weißem oder goldenem Glas dekoriert, Fassaden mit Tafeln aus poliertem Marmor oder Granit, die von Bolzen aus Kupfer oder Aluminium gehalten werden, versiegelt, Flure und Wände mit Fliesen ausgelegt. Wagner erweist sich als früher Prediger jenes Hygiene-Kultes, der betrieben wurde, als die großen epidemischen Krankheiten, wie Typhus, Cholera und Tuberkulose, bereits gebannt waren. Die spätere Moderne mit ihren großen Fensterwänden und lichtdurchfluteten Innenräumen, mit ihren reflektierenden Lieblingsmaterialien Glas, Stahl, Chrom und weißgestrichenem Feinputz hat diese Siegesfeier über einen besiegten Gegner weitergefeiert. Man ist versucht, die distanzierte und distanzierende Persönlichkeit Otto Wagners und dieses Bedürfnis, sich von den Zufälligkeiten und Unreinlichkeiten menschlicher Verhältnisse fernzuhalten, in einem Zusammenhang zu sehen.

Wagner ließ sich nicht nur auf die Hygiene des Hauses, sondern womöglich noch tiefer auf die Hygiene der Stadt ein. Er stieg hinab in ihre Untergründe, wo Überschwemmungen schmutziges Chaos androhen oder ungebändigte Verkehrsströme kanalisiert werden müssen. Nicht nur die Strukturen, auch die Substrukturen sollten geordnet werden: eine Hades-Beschwörung durch Kunst. Die Stationen und Bahnhöfe, Böschungsmauern und Tunnelportale der Stadtbahn wurden zu architektonischen Materialisationen der über Viadukte, in Galerien oder Tunnel geführten Verkehrsbewegungen, so wie die Brückenköpfe, Pfeiler, Wehranlagen und Nebengebäude an Wienfluß und Donaukanal aus der und gegen die Naturgewalt des Wassers entwickelt wurden. Das unberechenbare Element, die chaotische unkontrollierte Dynamik wurden berechenbar gemacht. Die Wehre und Schleusenanlagen standen im Dienste der Donauregulierung, sollten Hochwasser und den Rückstau in den Hauptsammelkanälen verhindern. Sowohl bei der Wiental- wie bei der Donaukanallinie der Stadtbahn wurden beide Arteriensysteme, das dem Wasser und das dem großstädtischen Massenverkehr dienende, miteinander verknüpft und in integralen Bauwerken behandelt.

Was im Untergrund der Stadt als Gefahr lauerte, wurde in dieser gebauten *Psychopathologie des Alltagslebens* ins Vorbewußtsein gehoben und in Kunstgestalt verwandelt. Die persönliche Bedrohung und gesellschaftliche Störung, die der Ausbruch der Elemente in der Natur bedeutete, stellt in der Natur des Menschen der Wahnsinn dar. Wagner selber verknüpfte das eine mit dem anderen, als er vor dem Bauausschuß des Steinhofes forderte, »zur künstlerischen Mitwirkung bei der Durchführung des Irrenanstaltsbaus« ebenso herangezogen zu werden wie beim Bau der Wiener Stadtbahn[9]. In der Überarbeitung des vorläufigen Lageplanes ordnete er das ursprünglich zufällig-malerische Layout zu einem achsialen Schema, das in der golden schimmernden Kirchenkuppel kulminiert. Die der menschlichen Verstörung gewidmete Anlage wird der strengsten Regel unterworfen.

Während Sigmund Freud seine *Psychopathologie* und seine *Traumdeutung* schrieb, war Wagner mit seinen Mietshäusern an der Linken Wienzeile und mit seinen Stadtregulierungsbauten beschäftigt. Wenn sich nach Freuds Verständnis des menschlichen Unterbewußten die latenten Traumgedanken in geträumten Inhalten manifestieren, so werden bei Wagner die verborgenen Probleme der Stadt in die gebauten Kunstfiguren eingebracht. Was an Chaos und Unlogik aus dem »Unbewußten« der zeitgenössischen Zivilisation aufsteigt, findet Einlaß ins Reich des anschaulichen Kunstwerks. Bei Wagner ist der Kunst aufgetragen, was beim Freud der *Traumdeutung* der Traum leistet: in der Verschlüsselung die Unlust angesichts der Störungen und Verwerfungen des labilen Untergrunds zu vermeiden. Das Unbewußte der Stadt wird in der Baukunst Wagners zum verwandelten Vorbewußten, die dunklen und unzulänglichen Bereiche stellen sich unverdächtig in der reinlichen Welt des planenden Architekten dar.

Völlig gelöscht sind die Spuren des Unbewußten bei Wagner nicht. Die »Traumzensur« des Architekten führt zu merkwürdigen Irritationen und befremdenden Gestalten, die als fremde Gäste in der lichten Oberwelt geistern. Freud selbst hat, lange bevor er im Spätwerk seine Kulturtheorie ausführte, archi-

tektonische »Erinnerungssymbole«, nämlich »Denkmäler und
Monumente, mit denen wir unsere großen Städte zieren«, und
die Symptome verglichen, die als Reste traumatischer Erlebnisse
den hysterischen Kranken heimsuchen[10]. Die phallischen Pfeiler
vor Wagners Ehrenhalle der geplanten Kunstakademie, die hal-
luzinatorischen, mit Kränzen geschmückten Gebäudekronen, das
somnambule Personal von Flügel- und Fabelwesen, von Putten
und Wächtern, das über Dachgesimse lugt, auf Säulen balanciert
und vor Portalen Posten bezieht, sind die Ausgeburten einer
Sachlichkeit, die mit ihrem Gegenteil, einer ungeordnet-wilden
Phantasie, in einem geheimen und manchmal auch offenbaren
Bündnis steht. Gibt es eine rätselhaftere Figur in der neueren
Architektur als den »Warmluftausbläser« in jenem Dokument
angeblich sachlichsten Bauens, dem Schaltersaal der Postsparkasse? Ganz Technik ist er und ganz Cauchemar. Der Kund-
schafter aus dem Reich der Magie überrascht uns nicht als Bote
der zurückgelassenen mythischen Vergangenheit, sondern
kommt uns von dort entgegen, wo ihn niemand erwartete, aus
der vorweggenommenen vernunftgeordneten Zukunft.

Anmerkungen

[1] Otto Wagner: Die Großstadt. Wien 1911, S. 30 f.
[2] Josef August Lux: Otto Wagner. München 1914, S. 126
[3] Anonym. Die Großstadt. In: Deutsche Bauzeitung. 1911, S. 479
[4] Otto Wagner: Moderne Architektur. Wien, 1898², S. 18
[5] Erläuterung zur Bauvollendung der Kirche der Niederösterreichischen Landes-
Heil- und Pflegeanstalten. o. O., o. J., S. 10 – Vgl. Peter Haiko, Harald Leupold-
Löwenthal, Mara Reissberger: »Die weiße Stadt« – der »Steinhof« in Wien.
In: Kritische Berichte 6. 1981, S. 3 ff.
[6] Vgl. Heinz Geretsegger, Max Peintner: Otto Wagner 1841–1918. Unbegrenzte
Großstadt. München 1980, S. 218 f.
[7] Otto Wagner: Einige Skizzen, Projecte und ausgeführte Bauwerke. Bd. IV.
Wien 1922
[8] Heinz Geretsegger, Max Peintner, a. a. O., S. 222
[9] Schlußbericht des Landesausschusses . . . über die Errichtung der niederösterreichischen Landes-Heil- und Pflegeanstalten. Wien 1909, S. 28. – Vgl.
Peter Haiko u. a., a. a. O, S. 21
[10] Sigmund Freud. Vorlesungen an der Clark University. 1909. Vgl. Paul Rom:
Sigmund Freud. Berlin 1966, S. 24

Manfred Sack
Der gesunde Beruf, die späte Abkehr, die mutige Haltung des Architekten Otto Wagner

Architekten haben einen gesunden Beruf. Man könnte vermuten, sie fühlten sich, während sie Behörden zu überlisten versuchen, sich mit Bauherren herumschlagen und mit Kommunalpolitikern anlegen, sich mit Unternehmern und Handwerkern in die Haare kriegen und dann und wann, diskutierend oder zeichnend, etwas entwerfen, wie beim Aufenthalt in einem Kurbad. »Eklatante Beispiele für das Gesagte«, notierte Otto Wagner in seinem aufsässigen Buch über die »Moderne Architektur« (das er später »Die Baukunst unserer Zeit« nannte), »geben unter vielen anderen die weit über die gewöhnliche Grenze hinausrückenden Altersstufen vieler großer Baukünstler [Bramante (70), Sansovino (93), Michelangelo (89), Maderna (83), Bernini (91), Fischer von Erlach (73), Jones (80), Klenze (80), Semper (76), Garnier (73 Jahre), etc.].« Es ist unwichtig, daß Wagner sich bei der Hälfte seiner alten Heroen um ein bis zehn Jahre verrechnet hat; interessanter ist, daß es ihm immerhin selbst geglückt ist, die 79. Lebensstufe zu erreichen. Wie recht er hatte, wußte er noch gar nicht, denn Scharoun wurde auch 79, Mies van der Rohe und Jean Prouvé 83, Gropius 86, Nervi 88, Wright 92, Bruno Paul sogar 94 Jahre alt. Es ist also verlockend, sich auszumalen, wie sich der 100 Jahre alte Rainer mit dem 82jährigen Peichl und dem 76jährigen Hollein treffen und, im Streit mit ihren begabten Schülern im Rentenalter, am Schillerplatz disputieren.

Freilich hatte Otto Wagner gar nicht geglaubt, daß es die Architektur sei, die noch den Greisen eine beneidenswerte oder fürchterliche Jugendlichkeit erhalte; er hatte in einem langen Leben nur die Chance gesehen, sich zu korrigieren, einen großen »Trost für den schaffenden Architekten . . ., daß seine Erfahrung nie, seine Schaffensfreudigkeit, insofern er gesund bleibt, kaum erlahmt«. Nicht zuletzt der eigenen Erfahrung eingedenk, hatte er »die bis ans Lebensende reichende Ausbildung des Architekten« beschworen. Der nämlich ist, wofür man ihm eine nicht allzu dünne Haut und etwas Trotz wünscht, auch mit seinen mißratenen Werken zeitlebens konfrontiert: Wer, um nur ein populäres Beispiel zu nennen, am Märkischen Viertel beteiligt war, wird von boshaften Leuten bei ausgesuchten Gelegenheiten immer mal wieder an den dort errichteten »Betonklotz« erinnert, welcher ihm bei späteren Lobpreis stets das »aber« lebendig hält. War es Wagner denn anders ergangen? Hatte er nicht an die drei Jahrzehnte gebraucht, ehe ihm auffiel, was er jahraus, jahrein produziert und spekuliert hat, womit er immerhin auch ein wohlhabender Mann geworden war? Ehe er stutzig wurde und, wie ich bei Friedrich Achleitner las, das »große Kotzen« kriegte? Als er sich zur Abkehr vom »ewigen Grau der Praxis« und vom »unheimlichen Dunkel der allgemeinen Gleichgültigkeit« entschloß, war er schon 54 Jahre alt. Viele fühlen sich da dem biblischen Alter schon näher als den eben absolvierten besten Mannesjahren.

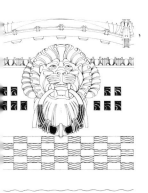

Natürlich kann, wer will, in Wagners »Baukunst unserer Zeit« eine Menge hübscher immergrüner Zitate klauben, lauter ewige Worte, die sich als Devisen zu jeder Zeit verwenden lassen, die nichts von ihrer ebenso aufrührerischen wie verführerischen Kraft verloren haben und notfalls Umdeutungen zugänglich sind. Mir hingegen imponiert weit mehr die Haltung dieses großen alten enragierten Baukünstlers, sein moralischer Impetus (was auf deutsch Ungestüm heißt), für den sich der Mittfünfziger keineswegs zu alt vorkam. Ganz im Gegenteil, er war sich klar darüber, daß er ein Lernender bis ans Lebensende sein werde – vielleicht die einzige Art, seine Irrtümer zu ertragen, weil sie die Hoffnung einschließt, sie zu korrigieren oder wenigstens mit Ironie erträglich zu machen.

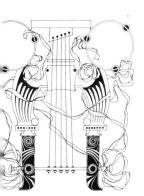

Und mir gefällt die Courage, die im Historismus weiter verfangene Fachwelt zu entsetzen und die Bauherren zu verwirren, also zu riskieren, nicht mehr – oder weniger als sonst – bauen zu dürfen. Die Wirklichkeit war nicht ganz so brutal. Und die Akademie hatte den Neorenaissance-Renegaten und Stadtbahn-Entwerfer ausdrücklich auf den bisher dem historischen Stil zugedacht gewesenen Lehrstuhl berufen. Aber man sollte sich das leibhaftig vorzustellen versuchen: Ein Professor tritt ein traditionsbeladenes Amt als einer an, der »den Muff von tausend Jahren« schon aus dem Talar geschüttelt hatte, damals, und platzt gleich mit einer aufrührerischen Denkschrift herein. Dieses Buch liest sich immer noch spannend – wunderbar das sachliche Pathos, der Glaube an die Notwendigkeit des Architekten als eines neugierigen, lernbeflissenen, der Gegenwart zugekehrten Generalisten, der beständige Hinweis auf das »moderne Leben« als den eigentlichen Auftraggeber hinter dem Auftraggeber und auf die Verpflichtung zur Kunst, aber auch die Deutlichkeit der Kritik und das enorme pädagogische Temperament. (Ich liebe dieses Buch auch seiner eigenen Architektur wegen: weil es so gut in der Hand liegt, weil der Satzspiegel so markant, der Gebrauch durch Illustrierung und Seitenüberschriften praktisch ist, weil Schrift, Typenwahl und die Verwendung von Versalien für die Leitsätze mit der Botschaft so identisch sind, die alles das vermitteln soll.)

Viele hervorragende Architekten haben ihre Architektur zeit ihres Lebens beständig entwickelt, verfeinert, robuster gemacht, Anregungen aufgenommen, hin und wieder einen überraschenden Einfall gehabt. Otto Wagner hingegen hat ziemlich plötzlich angehalten, die Neorenaissance und das Spekulantentum abgeworfen und etwas Neues erfunden – natürlich nicht erfunden; man erfindet in der Architektur selten etwas, am wenigsten einen neuen Stil, besonders wenn man einen gerade abgeschüttelt hat.

Und bei aller Entschiedenheit der neuen Erkenntnis und dem Bekenntnis zur Gegenwart: die Moderne lag in der Luft. Wo immer in Europa und in Amerika, es zeigte sich Erschöpfung von den Stilorgien des zu Ende gehenden Jahrhunderts, man roch den Frühling. Als der Erste Weltkrieg ausbrach, hatten die Künste den Anbruch der Moderne längst einstudiert.

Aber es wäre nicht richtig zu sagen, Wagner habe, modisch ausgedrückt, »im Trend gelegen« – er hat »den Trend gemacht«. Er ist, typisch für einen Avantgardisten, nur schneller als die meisten anderen vorangeschritten, geradeaus, und hat dabei versucht, so wenig wie möglich zurückzuschauen und eine Symbiose zu finden zwischen der Tradition und der Moderne – so wie in Amerika Louis Sullivan, so wie in Belgien Henry van de Velde. Und es war auch sonst eine ganze Menge in Bewegung: Gaudi hatte, als Wagner seine »Moderne Architektur« veröffentlichte, eben den Palacio Güell gebaut, Mackintosh saß an seinen Glasgower Entwürfen, die Franzosen waren dem Stahlskelett auf der Spur. Das Ornament änderte seine Bedeutung, es verwandelte sich, zog sich immer mehr in die Architektur zurück und machte Anstalten, ganz zu verschwinden: In Wagners Haus in der Neustiftgasse 40 von 1910 hat es sich schon sehr rar gemacht.

Nun also, heute, nachdem die moderne Architektur von zweit- und drittklassigen Fachgenossen mißverstanden, bald nur noch ökonomisch und fertigungstechnisch mißdeutet, also ideenfremd ausgebeutet worden ist, regt sich auf einmal wieder eine Sehnsucht nach dem Dekor. Aber wie geht das? Was würde denn, um eine alberne, wenngleich vom Thema provozierte Frage zu stellen, Otto Wagner heute, gegen Ende der ausgepowerten Moderne raten? Wer sein Buch kennt, wird daran zweifeln, daß er zur Kehrtwende bliese.

Nun ist es allemal leichter, auf etwas zu verzichten, womit die Architektur verstopft war, als etwas, dessen Fehlen plötzlich bemerkt wird, zu ersetzen, zu finden, wiederzuerfinden. Wie? Und was? Hätte Wagner eine Idee? Er schreibt: »Die Aufgabe der Kunst, also auch der modernen« – ich setze hinzu: der heute betriebenen Kunst –, »ist aber dieselbe geblieben, welche sie zu allen Zeiten war. Die Kunst unserer Zeit muß uns moderne, von uns geschaffene Formen bieten, die unserem Können, unserem Tun und Lassen entsprechen.« Hatte das nicht zuletzt Schinkel verlangt? Oder dies: »Alle großen Baumeister der früheren Epochen würden ihre Bauauftraggeber für irrsinnig gehalten haben, wenn diese Bauauftraggeber den Wunsch oder Befehl ausgesprochen hätten, daß das herzustellende Bauwerk die Stilformen einer vergangenen Epoche zu zeigen habe.« Und dies auch: »Dinge, welche modernen Anschauungen entsprossen sind, stimmen vollkommen zu unserer Erscheinung; nach alten Vorbildern Kopiertes und Imitiertes nie.« Er wollte keine Renaissance der Renaissance, sondern »eine völlig Neugeburt, eine Naissance«, aber er legt uns vernünftigerweise nicht wie später die Bauhausmenschen eine Binde vor die Augen, damit wir ja nicht in Versuchung kämen, uns umzublicken. Sagt nicht der gescheite Giulio Carlo Argan, es gebe gar »keinen (architektonischen) Entwurf, der nicht auf Erfahrung und auf Beurteilung von Vergangenheit gegründet würde«? Und liest man nicht bei Josef Frank, »unsere Zeit ist die ganze uns bekannte historische Zeit«? Weiß man heute nicht auch, daß selbst die radikalsten Modernen ein heimliches, möglicherweise bloß nicht gewußtes Verwandtschaftsverhältnis zur Historie hatten? Wagner war niemals so doktrinär. Wenn einer nur modern genug dachte, fand er, dürfe er »in die volle Schatzkammer der Überlieferung greifen; von einem Kopieren des Gewählten kann aber keine Rede sein, sondern er muß durch Neugestalten das Überlieferte dem Zweck anpassen . . .« Das »Fortbilden« ist ihm wichtig, und schon ist er dabei, den Architekten »ein kräftiges, ermunterndes ›Vorwärts‹ zuzurufen und vor allzu großer und inniger Anbetung des Alten zu warnen«.

Philip Johnson, mit 78 Jahren auch einer dieser gesunden sehr alten Herren, hat den Ruf für sich längst umgedeutet: Er zieht vorwärts in die Vergangenheit, ein koketter Eklektiker. Er hatte 1960 damit begonnen, der Moderne eine lange Nase zu machen und sich von der Heldenfigur seines Lebens, von Mies van der Rohe zu befreien. Er war, wie seltsam, damals genauso alt wie Otto Wagner, als er die »Moderne Architektur« veröffentlichte. Nur, Johnson ist ein Zyniker, Wagner war ein Moralist; Johnson ist ein erklärter Erfüllungsgehilfe seiner Bauherren, kein Mann wie Wagner, der für seine Haltung die Stornierung von Aufträgen in Kauf nähme. So beantwortet sich die Frage, was uns Wagner heute noch wert sei, weniger mit dem Hinweis auf das Postsparkassenamt oder auf einen so tollkühnen Bau wie das Schützenhaus, auch nicht nur mit der Empfehlung, ihn zu lesen und sich die goldenen Worte für die Pinnwand im Atelier herauszupflücken. Die eigentliche Antwort ist: die Haltung, die »Baugesinnung« eines Architekten, der bis ans Lebensende herauszufinden bereit war, was »richtig« sei für das moderne Leben. Damit alle interessanten Architekten nicht ungeduldig werden und heimlich in die Requisitenkammer des Historismus gehen, sei ihnen Gesundheit und ein langes Leben gewünscht. Für die »Moderne« brauchen sie sich nur noch das Synonym einzuprägen: Gegenwart.

Jan Tabor
Otto Wagner und die verwandten Geister

Die Verteidigung der angegriffenen Stadt

Der schöpferische Geist gleicht einem ergriffenen Menschen, der in das still werdende Kulturgewässer Steine seiner Weisheit wirft. Wohin die Wellen sich letztlich verlaufen, ist eine andere Frage. Otto Wagner war solch ein Geist. Um ihn mit dem Amerikaner Daniel Burnham, dem Holländer Hendrik Petrus Berlage, dem Franzosen Toni Garnier, dem Finnen Eliel Saarinen oder den meist anonym werkenden Architektenbrigaden des sozialistischen Realismus in die kleine Galerie der verwandten Geister einzureihen, werde ich mich auf die Stadtbaukunst beschränken. Der Amerikaner Frank Lloyd Wright, der Italiener Antonio Sant'Elia oder etwa der Schweizer Le Corbusier fallen dann aus.

Geist hieß ursprünglich Ergriffenheit und heißt nun unter anderem Haltung und Gesinnung. Unter »verwandt« verstehe ich eine Haltung, die weniger als gleich und mehr als ähnlich ist. Jene Architekten, die echte Wagnerschüler waren oder von ihm durch die geistig-geographische Nähe beeinflußt wurden (Adolf Loos, Richard Neutra) oder ihn nachahmten (Raimondo D'Aronco), möchte ich als »erzogene Geister« bezeichnen. Jene, die später die Lehre des Meisters Wagner leugneten (Leopold Bauer, Josef Hoffmann), waren »abtrünnige Geister«. Hoffmann, im Hatje-Architekturlexikon (1983) als der »treueste Schüler« bezeichnet: das Gegenteil trifft zu. Es trifft zu, was Siegfried Gideon in seinem Buch »Raum, Zeit, Architektur« über ihn und den Wiener Werkstätten-Kreis schreibt: »Im Österreich um 1900 ging die Bewegung von der Architektur zum Kunstgewerbe, und nicht vom Kunstgewerbe zur Architektur.«

Otto Wagner war Stadtarchitekt par excellence. Seine Gesinnung bestand aus Vision, Vernunft, Ordnung, Moral, Technik und Schönheit. Seine Haltung war, daß die Architektur mit der Konstruktion beginnt und in der Stadtplanung endet. Die vernünftig angelegte, technisch funktionierende, reibungslos verwaltbare und künstlerisch aufregende Stadt war das Endziel seiner Träume. Seine Bauwerke waren Schaustücke für die Stadt, nicht edle Behälter für kostbare Inneneinrichtung wie bei Josef Hoffmann. Dem war die Stadt gleichgültig.

Der Lebensbereich des Bürgertums, die Stadt, war nicht in Ordnung. Sie wurde krank gesprochen, todeskrank. Die Medizinmänner verordneten Luftkur – die Auflösung, die Gartenstadt, das Hochhaus auf der grünen Wiese. Das Ableben. Nur wenige visionsbegabte Architekten verteidigten die angegriffene Stadt. Das waren, ob Schüler oder nicht, die verwandten Geister von Otto Wagner. Die Stadtverteidiger.

Frank Lloyd Wright (1867–1957) war es nicht. Er las Thoreau und Emerson, liebte die Natur und Einsamkeit. Er wollte die Stadt auflösen und die Menschen wie Eremiten in riesige, frei in der weiten, unberührten Landschaft stehende Wohnwolkenkratzer einsiedeln: »Disappearing City« (um 1935), die Verschwindende Stadt, »Broadacre City« (1934–1958), die Freiluft-Feld- (oder ähnlich) Stadt. »Sogar ein Städtchen ist bereits zu groß«, meinte er 1930.

Le Corbusier (1887–1965) war es ebenfalls nicht. Wie Wright wollte auch er die Menschen in Wohnhochhäuser umsiedeln, nicht aber als Eremiten, sondern als Passagiere von Wohnozeandampfern: »Plan voisin de Paris« (1925). »La Ville Radieuse« (1935), die Strahlende Stadt. Le Corbusier entwarf zuerst die Stadt-Maschine, für die er dann die passende Architektur suchte, um zu der Konstruktion zu gelangen.

Der Futurist Antonio Sant'Elia (1888–1916) war der Zauberlehrling der Wiener Secession, der Echoempfänger im fernen Mailand. Er lebte kurz und baute nur auf Papier. Über seine Entwürfe vermerkt Gideon, daß sie »in der Idee wie in den architektonischen Formen dem Geist Otto Wagners weit näher stehen als die irgendeines seiner unmittelbaren Schüler«. Das ist ein verlockender Blickpunkt, er stimmt aber nicht. Die Unterschiede sind viel bedeutender als die formalen Ähnlichkeiten. Sant'Elia verwarf die Tradition, Wagner wollte sie lediglich rationalisieren. Wagner schwebte eine fertige Stadt, eine statische Struktur vor: das vollkommene Kunstwerk. Sant'Elia entwarf eine dynamische Großstadt, die, wie eine ewige Baustelle, einem ständigen Umwandlungsprozeß unterworfen werden sollte. Die Stadt, schrieb er 1914, ist eine »gigantische Schiffswerft – lärmend, aktiv, beweglich, in allen Teilen dynamisch«. Wie für Le Corbusier war sein Wunsch die Transformation der Architektur und der Stadt in die Maschine. Wagners Ideal war Stadt-Kunstwerk, nicht Stadt-Design. Außerdem träumte er baureif.

»Artibus« beispielsweise, der einzige wirkliche Idealentwurf von Wagner (1880). »Artibus«, die Stadt der Kunst oder ein Museumsbezirk, befindet sich in einer Hafenstadt am Kai eines Flußes oder eines Kanals. Die Lage erinnert an Triest, damals die Lieblingsstadt der Monarchie. Der sorgfältig erarbeitete und gezeichnete Entwurf ist eine historische Collage aus mehr oder weniger umgestalteten wirklichen Bauwerken. Man erkennt hier die beiden Hofmuseen auf der Wiener Ringstraße, die Karlskirche schließt den Platz ab, auf dem Hügel dahinter steht die Gloriette. Die Kolonnade und der Obelisk vorne erinnern an den Petersplatz in Rom, die Brücke an das Projekt der Rialtobrücke von Palladio. Es ist eine historische Utopie, die auch an den ironischen Entwurf der »Zukunftsstadt« (Paris) von Eugène Hénard (1910), an diese ausstellungsmäßige Ansammlung von historischen Bauten aus aller Welt, erinnern könnte, wenn »Artibus« nicht eine wirklichkeitsnahe und harmonische Einheit wäre.

»Artibus« wurde gebaut. Zumindest dreimal. Erinnern wir

uns: Die Weltausstellung 1887 in Paris. Die Weltausstellung 1900 in Paris – das Grand- und das Petit Palais und die Brücke Alexander III. stehen noch. Die Ähnlichkeit mag unmittelbar zufällig sein, mittelbar aber ist sie es nicht. Die seit 1851 stattfindenden Weltausstellungen übten einen kaum zu überschätzenden Einfluß auf die Architekten aus. Wie man Kunst und Industrie vereint, wurde hier vorgeführt. Die Welt ist ausstellbar, verhieß der Zeitgeist. Auch die Wiener Ringstraße ist nichts anderes als eine permanente Ausstellung einer Staatsordnung. Einer kunstsinnigen Staatsauffassung. »Artibus« ist ein sichtbarer Beleg dafür, daß diese Idee auch Wagner nicht fremd war. Noch 1910 schrieb er, daß die Großstadt »Kunstspeicher« sei. Seine Großstadt, meinen die Verfasser der Wagner-Monographie Heinz Geretsegger und Max Peintner, »ist ein riesiger Architekturspeicher (für Wagner-Bauten)«. Das ist die Schlüsselinterpretation, weil auch umgekehrt gültig.

Der Ausstellungshabitus ist für Bauten aus allen Schaffensperioden Wagners charakteristisch. Nicht jene oder andere Grundriß- oder Fassadenlösung, jener oder anderer Werkstoff – die Architektur als das Musterschaustück steht im Vordergrund. »Artibus« war keine Utopie, sondern das Rezept. Heilanweisung für die Stadt, deren Zustand angegriffen war.

Auch die amerikanische Stadt war nicht in Ordnung. Geradezu verblüffend war die Übereinstimmung zwischen dem »Artibus« und der »Columbia Exposition« in Chicago 1893. Der riesige »Court of Honor« war auf der einen kürzeren Seite mit einem kirchenartigen Kuppelbau, auf der anderen mit einer Kolonnade abgeschlossen. Auf beiden Seiten des Zierbeckens in der Mitte standen die reich dekorierten Ausstellungspaläste. Paläste für Industrieprodukte.

Daniel H. Burnham (1846–1912) war als Architekt an der Columbia-Ausstellung beteiligt. Er war der führende Denker der »Chicago School«. 1893 sagte er: »Ich sehe schon, wie nach dem Vorbild der Ausstellung ganz Amerika im edlen und erhabenen Stil des Klassizismus aufgebaut wird.« Er gründete die Verschönerungsbewegung »City beautiful«, deren Anhänger mit einigen konkreten Umbauplänen aufwarteten. In seinem eigenen Entwurf für das Zentrum von Chicago (1909) verschmolz Burnham die Haussmann-Planungen für Paris und (wie ich annehme, weil Wagner 1910 von der Columbia-Universität zu einem Vortrag eingeladen wurde) die Großstadt-Vision von Otto Wagner. Burnham war es, der in Anlehnung an das »White House« den Begriff »White city« prägte. Es war ein Zufall, aber die Heilanstalt »Am Steinhof« von Wagner beschrieb 1909 der Kritiker Ludwig Hevesi so: »Auf dem langen Hügelrücken . . . schimmert in der hellen Sommersonne eine weiße Stadt.« Burnham und Wagner waren also zwei sehr verwandte Geister. Wagner allerdings hielt nichts von Wolkenkratzern, Burnham hatte sie gebaut. Dennoch können beide als jene zwei Architekten gelten, die für die bürgerliche Stadt des 19. Jahrhunderts einen prachtvollen

Schwanengesang entwarfen.

Sie hielten es für einen neuen Anfang. Er war es tatsächlich, aber erst später.

Mit Toni Garnier (1869–1948) kam die neue Zeit: Le Corbusier, Gropius und die anderen, die von Garniers Genius begeistert waren. Mit Wagner verband ihn vor allem die Idee der kompakten, fertigen Stadt, die vernünftig, ordentlich, nach den letzten technischen Möglichkeiten und schön im Voraus auf dem Zeichentisch gebaut werden kann und soll. Auch Garnier ging dabei von der Konstruktion zur Architektur und von der Architektur zu der Stadtplanung über. Formal kam er zu anderen Lösungen als Wagner, schon deshalb, weil er eine Industriestadt für die zukünftige, sozialistische Gesellschaft entwarf. Als Grand-Prix-de-Roma-Stipendiat hielt sich Garnier zwischen 1899 und 1904 in Rom auf. Statt historische Bauten zu studieren, zeichnete er seinen Idealplan der »Cité industrielle«. Es ist die perfekteste Utopie aller Zeiten. Alles ist da: Fabriken, Wohnhäuser, Schulen, Krankenhäuser, Sportanlagen, Kulturhäuser. Nur Polizeistationen, Gefängnisse, Kirchen und Kasernen fehlen, weil sie ohnehin nicht mehr benötigt werden. Alles ist detailreich beschrieben oder gezeichnet worden, die Kanalisation, die (elektrische) Heizung, der unterirdische Bahnhof. Eine baureife Vision.

Otto Wagner, der seinen Studenten Aufgaben empfahl, »welche im Leben nie an Sie herangetragen werden, deren Durchbildung aber dazu beitragen wird, den göttlichen Funken der Phantasie, der in Ihnen glimmen soll, zur leuchtenden Flamme anzufachen« (aus seiner Antrittsrede an der Akademie, 1894), wäre mit seinem Nicht-Schüler mehr als zufrieden gewesen. Die »Cité industrielle«, wage ich zu behaupten, ist die Vollendung des Wagnerschen Esprits. Es überrascht nicht, daß die Villensiedlungen in den Übungszeichnungen der Wagnerschüler Felix Kleinoschegg und Josef Hannich (1911) jenen von Garnier ähnlich sind.

Als Garnier 1905 von dem etwa gleichaltrigen neugewählten radikalsozialistischen Bürgermeister Edouard Herriot zum Hauptarchitekten von Lyon ernannt wurde, hätte er nur sein Projekt aus der Schublade zu nehmen und zu bauen brauchen. Einige von seinen realisierten Bauten, allen voraus das Krankenhaus »Grange Blanche« von 1915, erinnern an den Wagnerstil. Die auf dem langen Hügelrücken in einem Park verstreuten zwei- bis dreigeschossigen Pavillons schimmern in der hellen Sommersonne wie eine weiße Stadt. Auch Garnier fühlte sich trotz der deutlichen Betonung der Konstruktion der Bautradition verpflichtet. Auch bei ihm kann man von der Rationalisierung des Historischen sprechen. Daß er mit Vorliebe Kreuzgeländer verwendete, sei nur als ein hübsches Detail erwähnt.

Gründlichkeit und Vielschichtigkeit waren auch Eliel Saarinen (1873–1950) eigen. In seinen Stadtentwicklungsplänen für Tallin und Budapest (1911), für die neue australische Residenzstadt Canberra (Intern. Wettbewerb, 1912) oder für Groß-Helsinki (1918) betonte er den Zusammenhang zwischen Architektur und Stadtgestaltung. Er schlug »organische Dezentralisation« der Stadt vor, die nicht in der Auflösung, sondern in der Gliederung und Durchgrünung bei gleichzeitiger planmäßiger Erweiterung (durchaus unbegrenzt im Sinne von Wagner) gipfeln sollte. Jene Maßnahmen, die Saarinen in seinem in den Vereinigten Staaten geschriebenen Buch »The City: Its Growth, Its Decay, Its Future« (1943) verlangt, stimmen weitgehend mit den administrativen Forderungen von Wagner überein.

»Die Ausdehnung der Städte kann nicht länger wie in der Vergangenheit dem blinden Zufall überlassen werden, indem künstlerischer Einfluß als überflüssig bezeichnet wird und die Entwicklung der großen Städte scheußlicher Wucherei überantwortet bleibt«, schrieb Wagner. Für jene Gebiete, die für die Erweiterung der Stadt erforderlich waren, forderte er Gemeinschaftseigentum.

Hatte Wagner in Wien fast für jedes seiner Projekte gegen die Bürokratie und die Verhinderer um Thronfolger Franz Ferdinand lange und oft erfolglos kämpfen müssen, so fand Hendrik Petrus Berlage (1856–1934) in Amsterdam jene Planungsbedingungen, die Wagner forderte, bereits verwirklicht vor. Das 1901 in den Niederlanden erlassene Wohnbaugesetz schrieb allen Gemeinden mit mehr als 10.000 Einwohnern Entwicklungspläne vor und regelte auch großzügig die Bodenenteignung für Wohnbauzwecke. Berlage, dessen soeben fertiggestellte Amsterdamer Börse damals für viel Aufregung sorgte, wurde 1902 für die Planung des neuen Stadtteils Amsterdam Zuid verpflichtet. Sein erster städtebaulicher Entwurf sah noch nach einer romantischen Altstadt aus – »eher ein Diagramm von Gehirnwindungen als der Plan einer Stadt« (Gideon). Der zweite Entwurf von 1915 ähnelte schon der Stadt. Ausdrücklich wies Berlage damals die viel diskutierte Gartenstadt als untauglich zurück und entwarf einen Stadtgrundriß, der mit seinen langen Straßenfronten, Wohnblocks, Grünstreifen und Gebäuden als Stadtbild-Akzente den Stadtvorstellungen von Wagner nahestand.

Berlage und Wagner waren mehr als geistig verwandt. Sie glichen Zwillingsbrüdern, die unter verschiedenen geistigen (barocke Üppigkeit versus protestantische Schlichtheit) groß geworden waren. An ihren Wettbewerbsbeiträgen für die Börse (1884) wird es deutlich: Wagner, der »Konkurrent par excellance«, wie er aufgrund seiner zahlreichen Wettbewerbserfolge genannt wurde, gewann mit seinem neubarocken, üppig geschmückten Geldtempel keinen, Berlage mit seinem »brutalen Ziegelschuppen« (Wagner-Biograph Josef August Lux) den ersten Preis.

Berlage ging von der romanisch-gotischen Bautradition aus. Neu und damals (noch vor Charles R. Mackintosh) ungeheuer aufregend war seine »brutale« Behandlung der Fläche: »Vor allem sollten wir die nackte Mauer in ihrer geschmeidigen Schönheit zeigen«, schrieb Berlage dazu. Nackte, unverputzte

58

Ziegelmauer für eine Börse! Diese Erfahrung dürfte für Wagner, der damals noch die Modernität seiner Bauten in den Historismus kleidete, ein wichtiger Anstoß gewesen sein. Um 1900 begann auch er seine Fassaden radikal zu reinigen. Die Fassade, bis dahin durch Dekor zerstückelt, die (mögliche) Schönheit der Baukonstruktion keusch verhüllend, wurde befreit, bekam ihre Geschlossenheit und Offenheit, und damit ihre alte Würde, als architektonische Herausforderung zurück.

Die Wagnerschule, sagt man, sei ein einzigartiges Phänomen. Berlage aber war ein ähnlicher Spiritus rector einer neuen Architekturauffassung. Auch er hinterließ bedeutende Nachfolger, die Amsterdamer Schule. De Klerk, Kramer, Walenkamp, Greiner, van Epen, Warness oder van der Mey entfalteten eine Berlage-Tradition. Van Doesburg, Oud, Rietveld oder Stam steuerten den Funktionalismus an. Ähnlich wie in Wien in der Zwischenkriegszeit die Wagnerschüler entscheidend zum Erfolg des sozialdemokratischen Wohnbauprogramms beitrugen, waren in Amsterdam die Berlage-Schüler die eigentlichen Träger des nicht minder ehrgeizigen und qualitätvollen Programms.

Die Erklärung für diese Gleichzeitigkeit der Wohnbauqualität ist in der charismatischen Glaubwürdigkeit dieser beiden Apostel der Ehrlichkeit in der Architektur zu suchen. In der Jugendlichkeit der beiden alten Männer.

Der einzige Vertreter der älteren Generation bei der Gründungskonferenz der CIAM (Congrès Internationaux d'Architecture Moderne) war Berlage. Für die jungen Teilnehmer hielt der 72jährige Architekt den damals und heute aktuellen Vortrag über »Die Beziehung zwischen Staat und Architekt«.

Um 1930 zeichnete sich wieder eine neue Gesinnungswende ab. Die moderne Architektur hatte noch nicht ihre junge Unschuld verlieren können und schon breitete sich – freiwillig oder verordnet – ein neuer Historismus mit seiner alten Unehrlichkeit aus. Der Gigantomonumentalismus. Gigantomanie war zwar auch in den Projekten der Wagner-Schüler kein seltener Gast, in der Praxis aber herrschte Zurückhaltung. Oder zuminderst das feine Gefühl für die Tücken der Größe.

Die Frage ist, wohin sich der Geist Wagners verlaufen hat. Gab es in der Theorie und Praxis von Wagner, in seinem exzellenten Umgang mit Pathos, Monumentalität, Ordnung, Symmetrie, Axialität, Monotonie oder Redundanz Keime von dem, was kommen sollte? Es gab sie. So befremdend es auch erscheinen mag, hautpsächlich in der Sowjetunion.

Die NS-Architektur und -Stadtplanung waren die Antithesen zu Wagner schlechthin. Großstadtfeindlichkeit. Verachtung moderner Baumethoden und -materialien. Mystifizierung des Bauwerks. Wohnsiedlungen wie garnisonartige Gartenstädte. Strenge. Nekrophilie. Unsinnlichkeit. Sinnlosigkeit. Ruinen der Zukunft. Nekropolis. Kulissen für marschierende Krieger. Nichts für Otto Wagner. Nichts von Otto Wagner.

In den faschistischen Staaten Italien und Österreich

(1934–1938) fielen die Reglementierungen der Kunst und Architektur verhältnismäßig milde aus, und so konnte sich dort die Moderne neben dem bevorzugten Neoklassizismus behaupten. Bleibt die Sowjetunion mit ihrer 1934 proklamierten, alles andersartige vernichtenden Doktrin des »sozialistischen Realismus« (der auch »proletarischer Monumentalismus« heißen sollte). Nachdem die kommunismusbegeisterten Revolutionsarchitekten als »schädliche Träumer« enttarnt und beseitigt worden waren, wurden auf das grenzenlose Baufeld die alten Akademiker berufen. Die Weltausstellungsarchitektur des 19. Jahrhunderts blühte in neuartigen barock-byzantinistischen Mischformen wie gigantische Mutationen auf. Der neue Anfang. Die neuen Wohnviertel oder Städte in der Sowjetunion und später dann in den anderen Satellitstaaten zeigten oft verblüffende Gemeinsamkeiten mit Wagners Idealentwurf für den XXIII. Wiener Bezirk von 1910. In der dazugehörenden Studie »Die Großstadt« beschrieb Wagner bereits die musterhafte sozialistische Stadt um 1950: »Volkshäuser, Volkswohnhäuser, Volkssanatorien, Bauwerke für Warenmessen und Musterlager, Wandelbahnen, Monumente, Fontainen, Aussichtstürme, Museen, Theater, Wasserschlösser, Walhallen etc., durchwegs Dinge, an welche heute kaum gedacht werden kann, die aber im künftigen Großstadtbild nicht vermißt werden können.« Weiter beschreibt er Wohnhausblöcke, die »durch breite Straßen zur Monumentalität erhobene Uniformität« aufweisen.

Es war ein blinder Zufall, daß für den ersten sowjetischen Wolkenkratzer in Prag (um 1950) als passender Standort das von dem Wagnerschüler Antonín Engel 1922 in Wagnerschen Geist hervorragend gestaltete Viertel Dejvice auserkoren wurde. Zufällig auch, daß die »größte Gruppenskulptur in Europa«, das Stalin-und-vier-Werktätige-Denkmal 1954 in Prag-Letna genau dort plaziert wurde, wohin Engel in seinem Schulprojekt von 1909 die Großskulptur »Titana« gesetzt hatte und wo auch das Riesenstandbild Franz Josephs stehen hätte sollen.

Geist ist Freigut. In den Bauten und der Stadtplanung des »sozialistischen Realismus« feierte die verbesserte und verschönerte bürgerliche Großstadt Europas und die wolkenkratzerreiche »City beautiful« Amerikas ihre kurze Wiederaufstehung. Moskau selbst wurde kahlgeschlagen und dann mit gigantischen Repräsentationsgebäuden und Wohnpalästen (die Bürokratie nistete sich in den echten Palais ein) bestückt. Man glaubte, an der Hauptstadt der gerechten, gut verwalteten, herrlichen Welt zu bauen.

Die Studie »Die Großstadt« verfaßte Otto Wagner (1841–1918) anläßlich der Einladung zum internationalen Kongreß für Stadtbaukunst, der von der Columbia-Universität veranstaltet wurde. Eines der Probleme, die dort erörtert wurden, war die Errichtung einer Welthauptstadt. Auch das aber war ein Zufall. Wie jede Verwandtschaft letztlich zufällig ist und der Geist kein Vetorecht hat.

Manfredo Tafuri
Am Steinhof

Centrality and »surface« in Otto Wagner's architecture

For some time, now, there has been a commonly felt need to construct archaeologies of the »modern« capable of embracing in all their conflicting multiplicity a whole range of attitudes which cannot be reduced to the Idealtypus of the »movement.« But the historical construct shored up by group mythology is so recalcitrant as to resist all analysis; and this resistance has affected even the work of the more recent commentators on »posthumous« contaminations. It would be quite pointless to suggest to such people that they should meditate on the »detachment« which Wittgenstein claimed in an early draft of the preface to his *Philosophical Observations:*[1] there would be a risk of seeing gigantographs of the author of the *Tractatus* submerged by simpering »façades«.

Leaving generalizations aside, however, it would be advisable to prepare to protect our excavations against tittle-tattle. They are here directed towards the specific subject of artistic writing: was it not Otto Wagner himself who formulated the inevitability of the »modern« while yet refusing to see the »question of representation« as resolved? Was it not perhaps in his more problematic works that the work within the data of critical language is a critique of both an »impracticable progress« and also the concept of technology regarded as destiny? Wasn't the irony that Wagner reserved for the ideas of Gottfried Semper perhaps based on an idea of the »modern« which is demonstrable only in the developments of architectural writing?

Writing, by definition, is indifferent to the sense of the words written. Is this valid for an architect who intends to immerse his own in a Vienna which has never known melancholy and offers itself as an all-too-significant whole? In truth, behind the serene simplicity of the Wagnerian forms there lies concealed an unexplored universe, one on which inconclusive or oversimplified glosses have been allowed to accumulate. Yet no commentary formulated from within straightforward arrangements of historical accounts can explain the obstinacy with which this misunderstood »prophet« measured himself against the most meaningful, most symbolical of terms, the one most closely wedded to an absolute significance, elaborated by the »classical« system: the centric organism, *analogon* of an immutable and hierarchical cosmos.

We can start by recognizing in the cult of centrality an act of homage performed by Wagner to the principles of »peace« and clarity exalted in *Moderne Architektur:* the condition for the attainment of formal dignity is not just symmetry but also the concentration of attention on the places of peace, so arranged as to eliminate the »painful uncertainty« and »aesthetic uneasiness« caused by the absence of »centres.«[2] It would be reductive to hold that in Wagner's eyes the achievement of »visual peace« constituted an end: the finite form was rather the instrument, a material, a linguistic tool that could be manipulated. The real problem was how to *manipulate it with clarity,* how to confer transparency on the operations carried out on elements and syntagms displayed in their absolute definiteness and clarity. For this reason it is impossible to deduce from Wagner as theorist the implications of his »compositions.« Neither *Moderne Architektur* nor *Die Großstadt,* nor Wagner's articles can »explain« his architecture. Those writings say only what verbal language can say about the conditions for meaning in *another language.* Hence, they can only assert the need to start from words which have not been contaminated by ambiguity: not from observation that is shackled by linguistic prejudices nor observation that attempts to see beyond itself. For this reason, the strict logic imposed on forms is »anti-archaeological;« but it is also purged of principles of value. The »overcoming of uneasiness« is sought through a »slow maturation of general comprehension,« but »the laws on the basis of which these problems are resolved,« wrote Wagner, »are an integral part of the principles of composition and once understood often reveal the author's identity. These laws are, so to speak, like the counterpoint of architecture.«[3] Symptomatically, not a word was written by Wagner to enunciate these principles.

In fact, in as much as they are »revelatory of subjective identities,« they are not describable. What is describable is rather the condemnation of »archaeological pessimism«, which does not permit the »modern« to appear save as a predictable combinatory factor; also describable are the *elementary* conditions of design – see, for instance, the passages where Wagner dwells on the seemingly trivial subject of the techniques of *rendering;*[4] above all, what is describable is a concept which assumes the *Utilitätsprinzip* as a necessary condition and not as a methodological absolute and so justifies the positivism contained in Semper's teaching.[5] Wagner's words about the *form of the modern* are utterly ingenuous: the straight line, flat surfaces, functions, materials, metropolitan uniformity constitute items in a piecemeal and unenlightening list from which all significance is excluded and which does not contribute to any synthetic design. Anyone who has tried to use the *Nutzstil* to decipher the difficult significance concealed by Wagner behind the simplicity of his propositions will have been compelled to read inappropriate allegories into texts which instead offer themselves as negations of »essential« words.[6] It is this abnegation of the conclusive word – both of that of eclectical scepticism as well as that of the Avantgarde – that involves Wagner in a piecemeal and elementary listing of the features of the »modern.« It is only the surfaces of the modern that are describable for him – and only vaguely at that.

Beyond them, he calls on the process of composition to display the ineliminable difference between the clarity of the spoken and the profundity of the unspoken.

That the »modern« does not constitute a category for Wagner, but a mere situation to be rendered clear and apparent, is shown in his references to the problem of language. Where he recognizes fashion – fashion which Simmel considered as having the function of »freeing us from the anguish of choice«[7] – as the direct precedent of »style,« we should read a clear acknowledgement of the »noninventability« of language, which makes Wagner an authentic »contemporary« of Wittgenstein.[8] But then the invocation of the modern is nothing but one way of »tidying up« the paternal languages in conformity with a previously established *taste*: it is no accident that this principle of order coincides in Wagner's case with a definitive dissolution of significant residues. What will happen, however, when and if architecture is deprived of the provisional content that makes it a »happy interval« within the metropolitan monotony? Is some sort of revelatory syntactical game still possible when everything is conspiring to sink architecture once more in the bottomless pit of meanings? In other words, is the presence of the »metropolitan mimicry« really essential for the Wagnerian modern?

Instead of replying with a general hypothesis, let's introduce a simple observation. In Wagner's work, there exists a complementarity between the activity which involved him in giving shape to the great infrastructures catering for urban mobility – underground railway, bridges, structures for navigation along the waterways – and those intended to »halt« the same movement: flow and the suspension of movement, time and the suspension of time, do not turn their backs on each other, but prove to be essential to each other.[9] Besides, aren't the pavilions for the Viennese underground railway perhaps points of rest which »redeem« the flux which they emphasize? And doesn't the façade of the *Majolikahaus* represent an analogous conflict between a magical flowing and the vacancy of stasis? These observations lead us back to our subject. The problem of the centre has to be considered in Wagner's work precisely within the stasis-flux dialectic recognized above. Clearly this is a dialectic rich in metaphors: the principle of form as the imposition of limits is linked with that of life as a continual betrayal of form itself. The »moment of peace« promised by the centric designs is essential in this search for a magic threshold upon which form and life can cease to conflict with each other.

So there exists a specific quality in the Wagnerian meditation on the centrally planned structure which develops from the time of the designs for the Budapest synagogue (1871) and continues in the designs for the church in Soborsin (1879) and the Berlin Reichstag (1882), concluding its first phase in the design for the Berlin cathedral (1891). A constant motif, worked out with continually varied instruments, underlies these designs: the formal interplay always has as its theme the dissolution of the point of synthesis *par excellence,* the dome. This appears extremely clearly in the two designs for Berlin. In the cathedral, the articulation of the volumes in a »strict language« is matched by the emptying of the main cupola and the side ones, treated as transparent glass-and-iron grids (a motif that was to reappear in the designs of 1903 and 1910 for the municipal museum on the Karlsplatz in Vienna). In the Reichstag there is an analogous binary contrast: the austere neo-Cinquecento quality of the facades is subjected to ironic commentary through the projecting cylindrical volume against which are set, standing out against the sky, isolated Doric columns and pillars surmounted by urns and statues. A drum deprived of its cupola, this is the upshot. What is here given shape to is the result of an operation of subtraction, rendered metaphysical by the immobility of the frozen »figures« that are left. On close examination, however, the cupola is not missing: rather, it has been crushed by something or someone inside the drum and has been left down there, visible through the continuous screen of columns, with its flimsy glazed structure.

The »new« material – glass, iron – was introduced into Esseg parish church (1890), there asserting its primacy;[10] but in the designs for the Berlin cathedral and the Reichstag its function is to make the structures paradoxical. Nothing could be further from the *Nutzstil* so dear to the Vulgate. The »new,« instead, erodes and displaces–quite literally–the old syntagms, refusing to accept the duty of uttering more »fullsounding words.« Note how Wagner reverts to the theme of the dissolution of the dome in the design for the building for the »Viennese Society« (the first solution, 1906), in the pantheon of the »House of Glory« (1908), at the top of the rotunda of the design for the Akademie für bildende Kunst on the Schmelz (1919), and in the 1909 design for the museum on the Karlsplatz: the dome is always reduced to a cone buried amidst flimsy geometrical elements linked together and *recalling* the Doric columns left at the top of the 1882 Reichstag. The process of transformation – one of the laws that could not be described in *Moderne Architektur* – could not be more clearly displayed.

But isn't *this Klarheit* perhaps Wagner's authentic »modern«? Not, therefore, a clarity based on intrinsic requirements posited by single object, but one that makes it possible to recognize with absolute plainness a *transformation.* Transformation and dissolution, moreover, are inseparable processes; nor does transformation annul the archetype taken as the thematic starting point so much as erode it. Therefore the transformation displays the dissolution going on, as a process. This transformation and this dissolution, however, occur in the absence of pathos: Wagner's *große Form* is able to do without *große Expression.*[11]

Alongside this implementation of the approach which makes the »new« penetrate into the language of absolutes, as if to test their resistance, Wagner follows another course in order to attain the same end. The theme is as always a reflection on the »centre.« It had not been eliminated in the designs so far examined: there is no *Aufhebung* in them, but rather suspension. This approach had, however, achieved one result: the site as absolute had been reduced to a location for *events*. But this is to a certain extent a result which was too easily achieved: the metamorphosis enacted was too open, too literal. The Nikolaikirche in Potsdam, designed by Schinkel, has been invoked as a possible source for the church of St. Leopold Am Steinhof;[12] but this possible reference must not distract us from paying attention to the continuity of a quest whose stages are represented by the Johanneskapelle in Währing (1895), the designs for a parish church, also in Währing, (1898), the Kapuzinerkirche (1898), and which, after the building of the Am Steinhof church, completed in 1907, finally reached its conclusion in the design for the Friedenskirche (or Siegeskirche) in 1917, which Wagner regarded – as is shown by an entry in his diary[13] – as his best work.

A different reflection on the centrally-planned structure emerges from these designs, one that on the whole avoids strictly »typological« considerations, as appears clearly from the 1905 design for an »Interimskirche«,[14] with its easy acceptance of various influences and its concessions to a display of structuralism. However, this is an experiment into the resistance of form and hence on a theme which does not take for granted (as in the series of works cited earlier) the result of the manipulations to which the primary material is subjected. It is also for this reason that it now becomes impossible to establish any continuity between the modes of transformation of the forms. The link between St. Leopold Am Steinhof and the Friedenskirche – between the work of Wagner which is most alien to the city and one that is most firmly rooted in the Habsburg capital – is not immediately perceptible nor is the perspective drawing in volume IV of *Einige Skizzen* of much help, though it shows the two churches and *the two cities* together.

In fact those churches define the worlds of two different urban universes, of two opposed and complementary cities: the city of *ratio*, of constructional purposefulness, directed towards producing and being produced, and the city where *ratio* is suspended, from which all productive purpose has disappeared, the place of infinite healing and intellectual *dépense*. It is significant that in the above-mentioned perspective view, Wagner has emphasized the outline of St. Leopold so markedly as it stands out in the distance against the backdrop of hills. This is not just an ideal comparison. In the bird's eye view of the monumental centre of the XXII. Bezirk, which he himself inserted in *Die Großstadt*, the church placed on the axis of the great sheet of water has drawn many of its features from St. Leopold's, but in other ways it foreshadows the Friedenskirche. And this is no accident. In a city, as Wagner himself declares,[15] a monument has the function of breaking up the homogeneous continuity of the structures which embody and serve the course of civilization: therefore it is there in order to »halt,« to introduce a »noble« *difference,* to preserve the memory of a collective *intérieur.* Therefore the monument lives inwardly and outwardly at one and the same time in its relation to the *Großstadt:* as place it is »alienated«; in its otherness from the productive-metropolitan principle it is impure. Or rather, in its purity the monument – the unproductive par excellence – seems to be at home in the »other city« of mental illness: a distortion that refers only to itself, it has no longer anything to interrupt, where reason does not descend to compromises with the world of final ends. And yet the magic mountain does have an end of its own: healing. In this sense it is closely linked with the real city, which constitutes its horizon. As heterotopia, therefore, the Am Steinhof complex is highly ambiguous: everything in it is composed as a definitive solution, and yet the institution that is located in it is a *bridge* in its relation to the place of *ratio,* or *Grabmal* for intellects which are unable to stand the logic of the latter. For this heterotopia, Wagner has erected a *sign* which is also ambiguous: is the centrality of St. Leopold's perfectly independent of the »reasons« that preside over this magical place of healing, or is it a symbol of a reacquired *centrality* of reason? (The church is attended – it should be noted – by »peaceful« patients or those judged to be close to recovery). Placed at the apex of a *Gartenstadt* where languages have lost the gift of communication, where a multitude of labyrinths twist and turn without becoming intertwined, does it perhaps mark the place – significantly located at the summit of »Parnassus« – where language, once recovered, celebrates its triumphs? Or should its meaning be sought in some extraneous and hermetic logic?

It is known that Wagner obtained the commission for St. Leopold's after winning a competition (upon invitation) in 1902, and that his ex-pupil Leopold Bauer also took part in it. The comparison between the drawings of the 1902 design and those of 1903-04, slightly modified during implementation (Wagner had to abandon the idea of the crypt) brings out an appreciable process of formal refinement. In the first design *(Historisches Museum der Stadt Wien, Inventarnummer 96011/1, 2, 4-11),* already fully defined as to groundplan and similar to the coeval design for the competition for the cathedral of Patras *(Historisches Museum der Stadt Wien, 96008/5),* the fundamental elements appear either too separate or too articulated: the gilded dome, rising above glazed arches, is lined with horizontal courses and is not connected with the ideas expressed in the underlying volumes. The passage from the arches to the dome is disjointed and contentious; the Böcklinian flamboyant transenna that encloses the front section of the square is lyrical but extraneous to the whole.

The intensive stylistic revision of the second design *(Historisches Museum der Stadt Wien, 96011/3, 12-28, 30)* makes no concessions to the indulgences still present in the plan of 1902. Construction began in 1905 (a year after the laying of the first stone of the Postsparkasse) and Wagner involved two expupils, Otto Schönthal and Marcel Kammerer, in it. Though it may be reasonable to suppose that Wagner was asked to act as consultant in the layout of the psychiatric hospital, its construction lay outside his sphere of direct intervention, though the simplified form of the pavilions sloping regularly downwards from the hillside seems to have Wagner's aura about it.[16]

The design for St. Leopold's does not, on the contrary, exclude the «other city« of the psychiatric hospital. The windings of the avenue that twists about the pavilions and slowly ascends towards the church square, extends planimetrically along an elastic course, quickening as it nears the top: read as an abstract sign, this can be seen as analogous to a set of stylized and rarefied coils of smoke intersected by two double rows of cypresses that define, with their rigorously rectilinear placing, the central section of the complex. In the ground-plan kept in the Historisches Museum der Stadt Wien *(n. 96011/30)*, the continuity between the two straight avenues and the foliage of the trees surrounding the church like a crown is too evident to be passed over in silence. The entire layout of trees and paths – as is confirmed by the profiles in the margin – is generated by the intersection of two independent figures: the first swelling out in suggestive volutes and rich in *Nervenleben* and the second hieratic and »Byzantine.«

This brings us back to an apparently remote theme. In condemning the »naturalistic type of architectural drawing,» Wagner wrote, in 1895, that »it is a grave error to present a misleading picture of the future because this cannot be done without being untruthful.« And he adds shortly after that »it is more advisable, just and therefore natural to submit the work to the observer in what we might call a *Secessionist* manner, rich in symbols, which will arouse interest and be culturally enriching.«[17] Graphic abstraction as the suggestion of one's innermost intentions, therefore, as a comment on the design. The drawing of the perspective designs done by or for Wagner correspond entirely to this recognition of the autonomous »truth« of appearances. In this regard, there is an exemplary perspective view of the Kapuzinerkirche, with its encroaching coils of smoke linked together and so placed as to accentuate the evanescence of the windows and of the wind-tossed mantle that surrounds the globe of the dome and enwraps the cross.[18]

The layout of the trees and of the Am Steinhof complex, as it is shown in the drawing referred to in the Historisches Museum, is also considered by Wagner as a »frame« and commentary, at the level of landscape, upon the events for which the church is the location. In this regard St. Leopold's appears as the jewel in a precious brooch fitted to the arabesque of the avenues: the pavilions that divide the space of the hillside into regular rhythmical intervals thus become part of a *Stadtkrone* which relates to all the rest while displaying its regal separateness.

This separateness is confirmed by the succinctness with which the masses are presented: the centricity of its layout is clearly apparent; the frontal symmetry is triumphal, dominated by the two bell-towers on which the figures of the saints by Richard Luksch stand in stiff unison with the slightly sloping geometrical prisms. In its polyphonic arrangement there is a clear relation between the great open window in the façade and the dome hemmed in by the bell-towers – a reminiscence, perhaps, of St. Peter's in Vienna by Lukas von Hildebrandt? – just as there is also a clear relationship between this window and the pronaos dominated by the angels by Othmar Schimkowitz. But, as always in Wagner, this is not an »impregnable« clarity: there are too many features thrusting in to cross and re-cross it.

A cruciform church dominated by a lofty dome: the theme is perfectly »classical,« backed up by a venerable tradition and interpreted, moreover, in its essential lines without any substantial innovations. It is by starting from such a *wholly given* theme that the journey of form can begin.

The first suggestion of the modes of this journey comes from the episode of the main entrance, reserved for important ceremonies. A flight of steps, four marble pillars surmounted by hieratic angels linked together by a segment that comes between them, a lofty canopy supported on slender bronzed pillars, wedged in between the columns and projecting to protect the area of the steps: the »weighty« note of the portico, in itself uncomplete, is interrupted by the »frail« note of the canopy, with the marked dissonance accentuated by contrasting materials. Pillars and angels, for their part, stand out against the backdrop of the stained glass window by Kolo Moser, culminating in a series of copper-sheathed garlands placed immediately below a slender projecting cornice. There is an iteration and rigidifying of forms but also friction of forms and materials: the sacred is uttered in profane terms.

Nor can the vaguely »oriental« character of the entrance to the church be underrated, as it appears in a close study of the triple canopy set against the background of the stepped base (of uncertain workmanship) after Cacciari's observations on the significance of the Zen way for Viennese culture.[19] But once one has got round the exception constituted by the entrance, the entire »skin« of the building reappears as a problem. In fact it is difficult to repress an impulse of surprise on noting that the surface of this proud centrally planned structure is far from carrying out the function of providing a coherent comment on the articulation of its volumes. Quite the contrary: the surface – the appearance – does not reveal the »truths« inherent to a theme so absolute as the chosen one. Rather it lives an independent life, similar to that of the facade of a very differently »metropolitan« building such as the Postsparkasse. The dense web of marble slabs fixed with bolts fits into a theme developed by the materials: the materic plinth of the base is transformed in the uncertain workmanship of the smooth face of the stepped surface which comes up as high as the upper level of the doorway at the back, followed by the marble facing. From the »work of nature,« therefore, to a rarefied abstraction. But the marble surface has other surprises in store. First of all, the double dimension of the alternate slabs and their bolts: a single large copper-covered bolt, which covers the head of the bracket, holds in place the slabs that are thinner (2 cm thick) and have a larger surface area, laid upright; while the thicker slabs are laid flat and fixed with two bolts and two brackets. Then by placing the brackets of the former slabs at the bottom, Wagner achieves a punctuated and discontinuous rhythm that accentuates – as in the draughtsmanship of Klimt and in all the Secessionist layout of drawings, for that matter – the value of the blank background. The swaying rhythm of the bolts further enters into harmony with another graphic rhythm, one that is hardly perceptible: that set up by the jointing of the slabs and the accentuation of the horizontal rows.[20]

With exactness, the consistency of the wall is dissolved in this way. The skin of the structure negates the latter's consistency, while the fact that it is here a case of the interplay of appearances is immediately revealed by the jointing of the facing slabs on the corners of the building: here the thinness of the slabs themselves is revealed at the cost of causing a further evacuation of the constructed mass. A subtle interchange between reality and appearances is thus overlaid on the outer surfaces of St. Leopold's. The »skin« asserts its own autonomy: as a boundary of form, it expresses its own changeability. The *too full,* too final utterance, too closely bound up with its own original sense, expressed by the dome-structure, is translated into relative statements, rich in pauses and – literally – punctuation marks.

And this is not all. Starting from the layout of the slabs of the bodies of the substructure, there is a further series of transformations of the theme stated: the size of the slabs and the placing of the brackets and bolts vary in the band and projections that terminate the volumes singly; they also vary in the two bell-towers; on the inside of the church they are reflected as pure drawing, in the dotted pattern of the paving; while the covering of the great dome and the lesser apical dome, with its dense and obsessive pattern, constitutes the last stage of the process started with the rusticity of the base at ground level. The materials sing a *Lied* to immateriality: the subject of the composition has at the very least become problematical and the outcome of the contest between substance and appearance is undecided. Yet isn't that covering in white marble there also in order to enhance the colouring of Kolo Moser's windows? And don't those windows themselves also compromise the geometrical consistency of the prismatic bodies? A synthesis has been attempted, a moment of »peace« in the great dome linked by a countercurve with the apical cupola. But here there are Byzantine assonances, the evacuation of the cylindrical drum through the lofty and slender apertures, the fragmentation of the surface, the swaying rhythms of the decoration, the gilding that originally coated the covering material, all leading to a further dissolution. What had been achieved by a process of literal dissolution in the design for the Berlin cathedral is here achieved by an equally complex instrumentation. An instrumentation that also exploits the effect created by the contrast between the semicylindrical dome, clearly proportioned in relation to the landscape, and the inner vault, lacking in any relation to the former; between the two vaulted surfaces, a paradoxical void, occupied by the iron structure that permits the external »machine« to exist: merely a space in which it is possible to manoeuvre the hoists of the great chandeliers and a mobile structure for cleaning the ceiling, envisaged by Wagner in this space inaccessible to the public. The public, however, did have to pass their judgment on the insertion of this proudly gilded »useless machine« into the landscape. Sure enough, in 1922, Hans Tietze speaks of this »superb ornament in the landscape,« with reference to the dome of St. Leopold's: „Erect as an exclamation mark.«[21]

Let's try to strip the rhetoric from Tietze's words. An exclamation mark presupposes a sentence whose meaning it reinforces. In this case, what statement can we connect with it? That of the forest or that of the object that stands out against its backdrop? But the forest, as such, is mute, while no rhetoric is perceptible in the dialectic embodied in these cuboid geometrical figures covered in white marble. We are thus led to the discovery that this exclamation mark stands here *without any sentence preceding it*. Certainly it is meant to exist in a dialogue with the forest: but its splendid abstraction has no means of entering into harmony with the natural magic that it evokes. So this cupola, neither completely classical nor wholly Byzantine, amounts to a mark of suspension: »false,« it evokes (clothed in sacred garments) the logocentric utopia, the myth of a final and perfect word, from which every other word springs through hierarchical channels. But this is precisely an evocation, immediately revealed as a pretence: the »analogical« knowledge so dear to Renaissance philosophies can only be recalled by this hemisphere erected at the limits of space and time. The »centre« is represented; but in that »representation« it is exhausted.

So Olympionically Wagner touches on the problem of the »limit,« and with instruments that are in some ways akin to those of another striver after *Klarheit*, Gustav Mahler. Wagner – devoid of musical culture as we learn from various sources[22] – also knew, like Mahler and Klimt, the value of pauses, of silences, of intervals – of the suspensions, in other words, that measure the fleetingness of forms. In 1896 Mahler wrote to Max Marschalk about his *Second Symphony:* »As for me, I know that I cannot produce music as long as my experience can be put into words. My need to express myself musically in symbolic form only arises when *obscure* sensations are dominant and dominate on the threshold that leads to the *other world*; the world in which things no longer become decomposed in time and space.«[23] Devoid of obscurity, the dome of St. Leopold's reveals that *threshold* for a moment, confronted directly with the natural absolute and, indirectly, from afar, by the »unnatural« absolute of the Habsburg capital. Between these two extremes, the Wagnerian event seeks for an impossible, precarious equilibrium.

The gildings used on the exterior and interior of St. Leopold's – the gilding reappars in the lower part of the wings of the T-irons supporting the inner vault, composed of rabitz plates – are reminiscent of the coeval works of Klimt.

In 1905, Klimt, Moser, Wagner, Hoffmann, Luksch and Moll left the Viennese Secession. The occasion that gave rise to the new *Secessio* was the group collected around Josef Engelhart, who adhered to the naturalism of the genre painting; but a shared impatience with what risked turning into »formal chit-chat« was certainly behind the break. It was now no longer a question of responding to the invitation issued by Hermann Bahr in 1898 asking of the Secessionists »an art that will speak to me through its lines and colours of what I have experienced in the happy hours of spring in Vienna«[24] nor the more recent request of Bahr himself, who in his 1903 essay on Impressionism forwarded the claims of a sort of allusive abstractionism.[25] Beyond all this there already lay the Klimtian dichotomies of the portraits of Emilie Flöge (1902) and Fritza Riedler (1906), in no way assimilable to prototypes of codifiable language.

Certainly Wagner's St. Leopold's could be read, »à la Klimt« like a »Ravennate« painting with the title *Dome and Forest*. But the forest that encroaches upon the succinct radiancy of the Am Steinhof church is itself Klimtian. Geometry dissolved by the marbles, by the windows, by the segmented hemisphere, acts as a sounding board for a nature which is the same as the *Tannenwald* (1905), as the *Buchenwald* (1902), or the *Goldener Apfelbaum* (1903) by Klimt: a wood, therefore, representing itself as *intérieur,* as »intimité maternelle« as Werner Hofmann has suggested, in the wake of Bachelard.[26] Only that this »intimité« is thrust back by Wagner's hieratic purism into an inaccessible remoteness.

When once the threshold of the church has been passed, it reveals itself with an interior that is anything but mystical. Here »clarity« reaches a maximum, thanks to the whiteness of the marbles, the quintessentiality of the structure, the design of the vault – lowered for acoustic as well as visual reasons – and the light that flows in through the large windows.

Once more, the centrality enunciated by the bearing lines of the vault, converging on the cross that restrains the fluidity of the curving and segmented surfaces of the plates, is seized at the moment when it is on the point of disappearing. Note how the flooring and the vault respond to each other: the first also has a curving arrangement – sloping down towards the communion pews – and its design is also made up of straight lines and swaying backdrops. It may actually be asserted that in this interior the concept of a *limit* is subtly eroded: the vaults and surfaces lacking in depth, Moser's colourism encroaching upon the bichromism, with the hemispherical canopy crowning the high altar emerging from it, Othmar Schimkowitz's angels and gilt bas-reliefs imprisoned in geometrical figures, once again the Byzantinized mosaics in ceramic, marble, enamel and glass by Remigius Gejling (over the high altar) and Rudolf Jettmar (on the side altars). And once more the frailty of this space, compromised by the figures defining it or fitting into it, is accentuated by the four great stalactitic chandeliers hanging from the vault like further »happenings.«

From the »over-clear« *Klarheit* there emerge images that are immediately crystallized, just as the fittings and furnishings in St. Leopold's – kneelers, confessionals, candlesticks, etc. – are also crystallized. The effect of all this is quite plain: it not only makes the forest seem remote, but also the *Name* which gave an unmistakable significance to the planimetric symbolism of the church. The frailty of limits becomes instrumentalism in a conflict of language with itself, enacted with Apollonian serenity. St. Leopold's inner space sings symphonically of the departure of the cosmogonies that gave significance to a language capable of representing »centres« because it was itself part of a centric model of existence. It is no accident that in 1914 Lux could speak, regarding this church, of »*palladianischer Schönheit,*« adding immediately afterwards »*aber sie ist unverkennbar modernen* Geistes.«[27] The fact remains that here there is only a *reminiscence* of the absolute *Word,* and it is on the point of becoming spectral. Wagner felt compelled to return repeatedly to that reminiscence: his motive was not the hope of reviving lost symbols, nor did he show any tendency to represent the esoteric dialectic between *Dämmerung* and *Ver sacrum* striven for by Olbrich in the Secession building. Instead, in Wagner's case there is a wish not to give up as worn out whatever exists in the paternal tongues without going through them again and again; nor is it easy to tell whether this was a work of reclamation or pollution.
Wagner's art is also that of the *eternal return.*

But the Am Steinhof church is not the home of these »returns.« The theophanies which are deposited in it are only signs that narrate and hand on memories, like the acroterions that defend the summit of the Postsparkasse, like the *crazed horizons* of the »autumn landscape in the Wienerwald« by Adolf Böhm in villa no. 26 of the Hüttelbergstraße. And indubitably those stories reflect the longing that emerges from one of Wagner's diary entries for the »unknown God« in whom his reason prevented him from believing.[28] Enclosed in grids that impose upon them a timeless hieraticism the theophanies of

St. Leopold's are quite consistent in their relation to the formal process that incessantly transforms *sacred* fragments and yet remains extraneous to them.

But this is precisely the Wagnerian *»modern:«* tangential to *nihilismus* but not coinciding with it, far from all *Modernität*, suspended between an analytical purpose and the fragments of the old certainties which analysis has weakened. It is strictly in keeping with this that the play of transformations should – as we have seen – directly affect the *skin* of the formal apparatus. What has been weakened is precisely the *deep* nucleus of that apparatus: it is »on the surface« (once it has been discovered that sacred words do not exist) that there may be shown just what it is possible to show by making *Baukunst* a comprehensible language.

And here lies the hidden Utopia in St. Leopold's, but also in house no. 28 on the Hüttelbergstraße, also presented as a chest in which infinite memories are stored away at the edge of the woods. »Clouds of gold floating above the lake,« like those sung of by Trakl, Wagner's architecture placed at the threshold of Vienna – truly suspended in a limbo, laconic presence in the absence of place – »remain waiting« and exalt the secrecy of their composition. In these skilfully redrawn ideogrammes, an extreme abstraction of the soul celebrates its marriage with wavering tonalities, resolved as weak but resolute attacks upon the limits of form. Rich in resonances is the silence that St. Leopold's or the villa chosen by Wagner as his last home draw from the woods. To stop and listen to those mysterious echoes is possible only to one who understands the ritual of interpretation, attentive to the intervals between the phrases, to the possible directions opened up by the pauses, to infinitesimal echoes. The interpretation of the non-present lies in this display of the limits of language, mastering it through strictly composed ironies.

This art of abbreviation, which is erected against all metropolitan theleologies – hence also against those still present in the *Großstadt*[29] – is very remote from the private rituals of the *Erlebnis,* but still anchored to the threshold of the negative. But one would be halting at »the threshold« if, after listening attentively to the reverberations created by the Wagnerian abbreviations inside the forest, one were to refrain from preparing to cross the latter by multiplying the pathways through it.

Footnotes

[1] Cf. Ludwig Wittgenstein, *Vermischte Bemerkungen,* Frankfurt am Main, 1977, and the analysis of the text by Massimo Cacciari, *Dallo Steinhof. Prospettive viennesi del primo Novecento,* Milan, 1980, pp. 50–58, (*Critica del Moderno*). It is significant that Cacciari should feel the need to choose the Am Steinhof church as observation post of a landscape in which there appear »infinite pilgrimages and interminable follies.« (Cf. pp. 13–15) The problematic points that we think we can identify in Cacciari's pages will appear clearly from the present essay,

but it is quite clear that it is on the level established in those pages it is necessary today to place adequate interpretations of events that yield nothing to simple-minded reading.

[2] Cf. Otto Wagner, *Moderne Architektur,* Vienna, 1895, Italian translation Zanichelli Bologna, 1980, pp. 71–73. We refer throughout to this translation of Wagner's text (published with an introduction by Giuseppe Samonà) though it is far from being a critical edition. It should also be noted that there exists a further translation of the work with an introduction and commentary by Marco Pozzetto (Cortina, Turin, 1976) which offers many philological observations. Pozzetto has related Wagner's recognition of the need for a *Schauvorbereitung* (preparation for viewing) and the designing of a »point of peace« to Siegel's studies (cf. C. Siegel, *Entwicklung der Raumvorstellung,* Munich, 1886), also conjecturing an exchange between Wagner and Riegl. Cf. Marco Pozzetto, »Introduzione« to O. Wagner, *Architettura Moderna,* op. cit. pp. XL and ff. The author further notes that both Riegl, in *Stilfragen* (1893), and Wagner in 1895 start in different ways from theorizations of Semper and insists on the precedence of Wagner's ideas over Riegl's concept of *Kunstwollen* (ibid., p. 45, n. 101; for the Semper-Riegl-Wagner relationship see also pp. 96–97, n. 146). The relationship between Wagner and Hölzel should also be studied: the latter, in an essay in 1901, studied the coordination of planes in relation to their »weight,« citing in this respect Helmholtz and affirming a »spiritual conquest of nature« through logical forms. Cf. Adolf Hölzel, »Über Formen und Massenverteilung im Bild« in *Ver Sacrum,* 1901, IV, n. 15.

[3] O. Wagner, op. cit., p. 73

[4] Ibid., p. 84

[5] Ibid., p. 77

[6] Wagner's bibliography is rich in misunderstandings of this sort, starting with Lux's monograph (cf. Josef August Lux, *Otto Wagner. Eine Monographie,* Munich, 1914) to the most recent works, such as that by Adriana Giusti Baculo.

[7] Georg Simmel, »Zur Psychologie der Mode. Soziologische Studie,« in *Die Zeit,* 12. X. 1895, Italian translation in *Arte e civiltà,* edited by Dino Formaggio and Lucio Perucchi, Milan, 1976, in the chapter, »La moda.« Note the coincidence of the dates for the writings by Simmel and Wagner. In Simmel's eyes, fashion, as the »desire to remain within the given .. is the implacable enemy of the desire that wishes to proceed to new and specific forms of life: in this way, social life will appear as a battle field on which every inch of ground is fought for and social institutions will appear as . . . short-lived compromises . . .« (Ibid., p. 19). This passage of Simmel's also provides food for reflection on the authentic nature of Wagner's »modern.«

[8] Cf. O. Wagner, op. cit., p. 63

[9] There are some observations in this respect in H. Czech, »Otto Wagners Verkehrsbauwerk,« in *Protokolle,* 1971, n. I, pp. 182–191, and in another article by the same author, »Otto Wagner's Metropolitan Railway,« in *A + U,* 1976, n. 67, pp. 19–20

[10] Graf, commenting on the visible iron framework of the church in Esseg, with its nave and two side aisles, establishes a relation with Auguste Perret's church in Raincy. Cf. Otto Antonia Graf, *Introduction* to *Otto Wagner, Das Werk des Wiener Architekten 1841–1918,* exhibition catalogue, Hessisches Landesmuseum in Darmstadt, 1963–64

[11] Wagner, therefore, *versus* Bloch of *Geist der Utopie*

[12] Cf. Henry-Russell Hitchcock, *Architecture: Nineteenth and Twentieth Centuries,* Harmondsworth 1971, p. 470, and A. Giusti Baculo, op. cit., p. 219, n. 65. At the Königliche Bauakademie in Berlin, moreover, Wagner had studied under C.F. Busse (1802–1868), formerly Schinkel's assistant.

[13] Wagner's diary, 27 May 1917, quoted in Heinz Geretsegger and Max Peintner, *Otto Wagner 1841–1918,* Salzburg, 1964, London, 1970, p. 18

[14] Historisches Museum der Stadt Wien, Inv. n. 96.019/3, 6, 7, 9–11. Cf. also Karl and Eva Mang, *Viennese Architecture 1860–1930 in Drawings,* New York, 1979, fig. 47–50

[15] O. Wagner, „Die Großstadt. Eine Studie über diese,« Vienna, 1911

[16] No complete specific studies exist for the church of St. Leopold Am Steinhof.

See, however, amongst the documentary texts, Ludwig Hevesi, »Otto Wagners moderne Kirche,« in *Zeitschrift für bildende Kunst,* 1905, Jg. XVI, pp. 236–237, in *Acht Jahre Sezession,* Vienna 1906, p. 494, in *Altkunst-Neukunst,* Vienna, 1909, pp. 249–254; Otto Schönthal, »Die Kirche Otto Wagners,« in *Der Architekt,* 1908, Jg. XIV, pp. 1–5, and in »Bildende Künstler,« 1911, n. 7, pp. 342–344; *Die Kirche 'Am Steinhof',* Vienna, 1913, (pamphlet published on the occasion of the consecration of the mosaics); *Die Wiener Landes-Heil- und Pflegeanstalten für Geistes- und Nervenkranke 'Am Steinhof und in Ybbs an der Donau,* Vienna, 1934; Vittoria Girardi, »La chiesa Am Steinhof,« in *L'architettura cronache e storia,* 1958, IV, n. 35, pp. 332–337; *Otto Wagner, Das Werk,* etc., cit. sheet 37; Hans Hollein, »Otto Wagner. Post Office Savings Bank and Church of St. Leopold,« in *GA,* Tokyo, 1978. For the subjects of illness and healing in early 20th century middleeuropean culture, cf. Franco Rella, »Il terzo viaggio del cacciatore Gracco,« in *Der Kurort. Il mito della città di cura,* Venice, 1980, pp. 15–36

[17] O. Wagner, *Architettura moderna,* cit. p. 84

[18] O. Wagner, *Einige Skizzen, Projekte und ausgeführte Bauwerke,* vol. III, Vienna, 1906, plate 16

[19] Cf. M. Cacciari, op. cit., pp. 206–219. Oriental themes are referred to in the writings of Heinrich Pudor and Pavel Janàk (cf. H. Pudor's *Babel-Bibel in der modernen Architektur,* in »Der Architekt,« 1904, Jg. X, pp. 45–47, and P. Janàk's, *Hranol a Pyramida,* in *Umelecký Mesicnik,* Prague, 1910, pp. 162–170, translated in M. Pozzetto, *La scuola di Wagner 1894–1912. Idee, premi, concorsi,* Trieste, 1979, on pp. 209 et seqq. and 180 et seqq.) but Klimt's specific interests in Japanese and Chinese art should also be evaluated.

[20] The technique used to fix the marble slabs to the façade of the Postsparkasse was violently criticised by Leopold Bauer, who judged it an example of the »unskilful manner« in which Wagner sometimes – in his opinion – treated »genuine materials,« despite his theorizations. Cf. Leopold Bauer, »Otto Wagner,« in *Der Architekt,* 1919, Jg. XXII, pp. 9–23

[21] Hans Tietze, *Otto Wagner,* Vienna-Berlin-Munich-Leipzig, 1922

[22] Cf. Leopold Bauer, *Otto Wagner,* cit.; M. Pozzetto, op. cit., pp. 26–27

[23] Letter to Max Marschalk, from Hamburg, 23 March 1896, quoted in Ugo Duse, *Gustav Mahler,* Turin, 1973, p. 178

[24] In *Ver Sacrum,* 1898, I, n.5–6, p. 5

[25] Hermann Bahr, *Impressionismus,* (1903), now in *Essays,* hrsg. v. H. Kindermann, Vienna, 1962, p. 186

[26] Werner Hofmann, »Klimt e la Secessione viennese,« in *L'Arte Moderna,* Milan, 1967, vol. III, n. 19, p. 12. Cf. also, by the same author, *Gustav Klimt und die Wiener Jahrhundertwende,* Salzburg, 1970

[27] J.A. Lux, op. cit., p. 77

[28] Foreword to Wagner's diary, 1917, quoted in H. Geretsegger and M. Peintner, op. cit., p. 35

[29] On the significance of the essay *Die Großstadt* in Wagner's work, Geretsegger and Peintner's treatment is limited to the general. A significant contribution is made by A.D.F. Hamlin, »An Appreciation of the Author,« which follows. O. Wagner's »The Development of a Great City,« in *Architectural Record,* 1912, vol. 31, n. 5, pp. 485–486, now in *Oppositions,* 1979, n. 17, pp. 99–101. Hamlin judges the Wagnerian model as feasible only in a regime of »municipal paternalism« or »state socialism,« hence in a highly centralized governmental system, excluding the possibility that the United States could carry out expropriations like those anticipated by Wagner. Perceptive observations on Wagner's Großstadt are to be found in M. Cacciari, »Loos-Wien,« in Francesco Amendolagine and M. Cacciari, *Oikos. Da Loos a Wittgenstein,* Rome, 1975, pp. 40–42, which reveal the affinity between Wagner's theses and contemporary neoclassical Austrian economic thought, and reference is made to the »use« which Viennese social democracy later made of some of the hypotheses contained in the 1911 essay. For the relations between Wagner's thought and teaching and the phenomenon of »Rotes Wien,« in addition to M. Pozzetto, *La scuola di Vienna,* cit. (with some inaccuracies), cf. M. Tafuri (ed.) *Vienna Rossa 1919–1933. La politica residenziale nella Vienna sozialista,* Milan, 1980.

7. 9.

Name der Anstalt: *k. k. Akademie der bildenden Künste*

in *Wien*   Land: *Niederösterreich*   Schuljahr ~~1903/04~~. 1909/10

Unterrichtssprache: *Deutsch.*

Personal-Standestabelle

des

Wagner Otto

Diensteigenschaft und Rangsklasse	*k. k. Professor. — VI.*
Bestellt für die Lehrfächer	*Architektur.*
Ort und Land / Tag und Jahr } der Geburt	*Wien, 13. Juli 1841.*
Religion	*Katholisch.*
Sprachkenntnisse (mit Ausschluß der Unterrichtssprache)	*Französisch.*
Ledig, verheiratet oder verwitwet	*Verheiratet.*
Anzahl der Kinder	*6.*
Titel und Orden	*k. k. Oberbaurat ... (Komtur d. Franz Josef=Ordens), ...*
Jahresbezüge	Stammgehalt.................... K *6400.* 2 ~~F~~ Quinquennal-Zulagen zu K *800* .... K *1600.* 1 ~~F~~ .... K ~~1000~~ *1000* ...... K *1000.* .... Triennal-Zulagen zu K 200 .... K .... K 300 .... K ...... Aktivitätszulage.................... K ~~1600~~ *1840* Funktionszulage .... K ...... ~~Remuneration~~ *Wiener-Zulage* .... K *800.* Dienstalters-Personalzulagen............. K .... K ...... Zusammen K ~~4800~~ *4640*

Der Ausfertiger: *Wien, im Dezember 1909.*

Nachstehende Angaben Professors Wagner:

K. K. AKADEMIE DER BILDENDEN KÜNSTE

Der ~~Direktor~~ ~~Leiter~~ Rektor:

E. Hellmer, m. p.

Personal-Standestabelle für gewerbliche Lehranstalten. — Preis 5 Heller.   Wien. K. K. Schulbücher-Verlag. — Buchdruckerei Karl Gorischek.

Otto Wagners Personal-Standestabelle der k. k. Akademie der bildenden Künste, Wien

Otto Wagner
Zeichnungen

»Um beim Alpha des architektonischen Zeichnens zu beginnen,
muß vorerst betont werden, daß jede sogenannte flotte Manier
ganz verwerflich ist, und daß es immer Aufgabe des Baukünstlers
bleiben muß, seine Gedanken möglichst klar, scharf, rein, zielbe-
wußt und überzeugungsvoll zu Papier zu bringen. Jede architektonische Zeichnung hat den Geschmack des Künstlers zu dokumentieren, und es darf nie vergessen werden, daß KÜNFTIGES,
nicht Bestehendes dargestellt werden soll. Die Sucht, ein möglichst täuschendes Zukunftsbild zu bieten, ist schon deshalb als
Fehler zu bezeichnen, weil sie eine Lüge involviert. Alle reizen-
den Zufälligkeiten und Stimmungen, der Natur abgelauscht,
durch ein gutes Aquarell fixiert und auf ein nicht bestehendes
Objekt übertragen, sind absichtliche Täuschungen, also schon
darum zu verwerfen.

Näher liegend, richtiger und daher natürlicher ist es, durch
eine, sagen wir individuelle und impressionistische Darstellung
das Werk, Interesse erweckend und mit Gedanken erfüllt, dem
Beschauer vor das Auge zu führen. Der Künstler hat dabei Gelegenheit, Phantasie, Geschmack, Wollen und Können zu zeigen,
den Beschauer anzuregen und zu fesseln, ohne von der Wahrheit
abzuweichen.«

Otto Wagner, 1895

Skizzen für die Festdekoration zum Einzug der Prinzessin Stephanie in Wien und zu einem Kleid für Luise Stiffel, 1881 (Historisches Museum der Stadt Wien)

Wiener Börse, zweites Projekt, 1863, perspektivische Ansicht (Wiener Börsenkammer)

Studie zur Berliner Dom-Frage, 1891, Schnitt (Graphische Sammlung Albertina, Wien)

Haus Graben Nr. 10 in Wien, Ansicht Ecke Graben/Spiegelgasse, 1894, Perspektive (Historisches Museum der Stadt Wien)

Façade.

UMBAU DES HAUSES GRABEN N° 10, SPIEGELGASSE N° 2, DOROTHEERGASSE N° 1,

EIGENTHUM DER LEBENS- UND RENTEN-VERSICHERUNGSGESELLSCHAFT

„DER ANKER".

Haus Graben Nr. 10 in Wien, Vorentwurf, 1894, Ansicht (Historisches Museum der Stadt Wien)

Haus „Zum Anker"

Façade in der Spiegelgasse.

UMBAU DES HAUSES GRABEN N° 10, SPIEGELGASSE N° 2, DOROTHEERGASSE N° 1,
EIGENTHUM DER LEBENS- UND RENTEN-VERSICHERUNGSGESELLSCHAFT
„DER ANKER".

Haus Graben Nr. 10 in Wien, 1894, Ansicht (Historisches Museum der Stadt Wien)

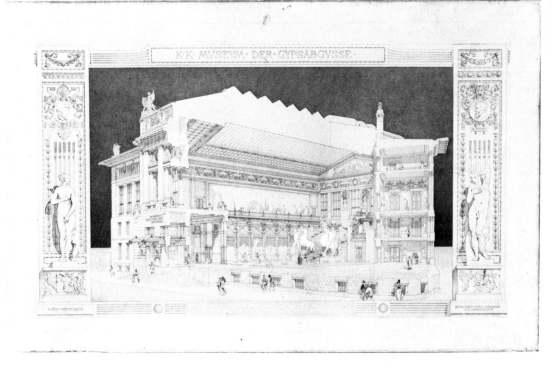

Entwurf für das k. k. Museum der »Gypsabgüsse« in Wien, 1896 (Bauplatz der Secession), perspektivischer Schnitt
(Historisches Museum der Stadt Wien)

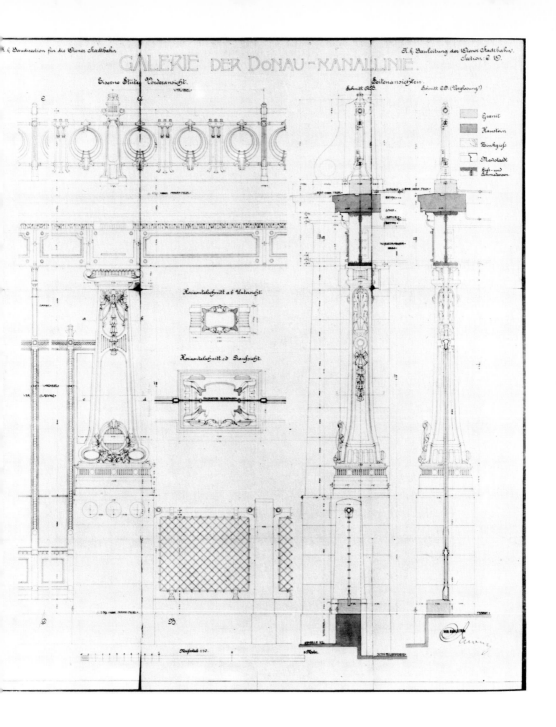

tailstudien für die Galerie der Donaukanallinie der Wiener Stadtbahn, 1896–97 (Österreichisches Staatsarchiv)

Entwurf für ein Nationaldenkmal im Wienerwald, 1897, perspektivische Skizze (Historisches Museum der Stadt Wien)

86

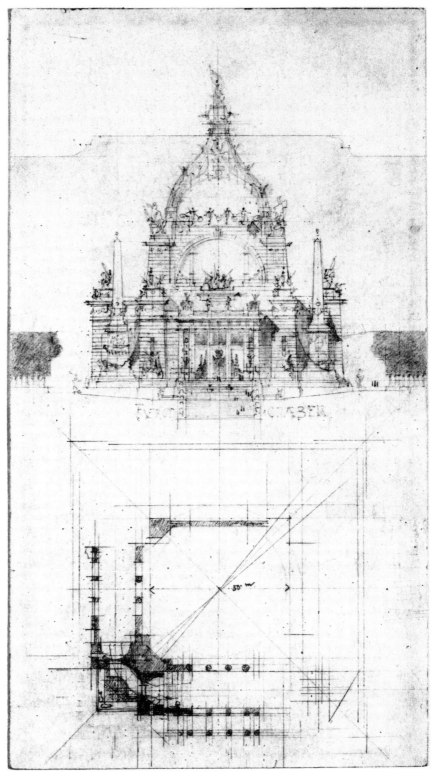

Entwurf für ein Nationaldenkmal im Wienerwald, 1897, Aufriß (Historisches Museum der Stadt Wien)

Studie für den Neubau der k. k. Akademie der bildenden Künste in Wien auf der Schmelz, 1898, perspektivische Skizze
(Privatbesitz)

Studie für den Neubau der k. k. Akademie der bildenden Künste in Wien auf der Schmelz, 1898, Skizzen (Historisches Museum der Stadt Wien)

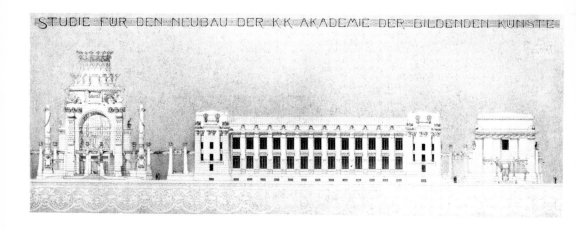

Studie für den Neubau der k. k. Akademie der bildenden Künste in Wien auf der Schmelz, 1898, Ansicht (Historisches Museum der Stadt Wien)

...udie für den Neubau der k. k. Akademie der bildenden Künste in Wien auf der Schmelz, 1898, Perspektive (Historisches ...useum der Stadt Wien)

Studie für den Neubau der k.k. Akademie der bildenden Künste in Wien, 1898, Schnitt durch die Ehrenhalle und die Aula (Historisches Museum der Stadt Wien)

Pfarrkirche auf dem alten Währinger Friedhof in Wien, 1898, Seitenansicht (Historisches Museum der Stadt Wien)

Entwurfsskizze für die Wiener Stadtbahn, Station Brigittabrücke, 1898, Ausschnitt (Privatbesitz)

Haltestelle Hietzing der Wiener Stadtbahn, der Hofpavillon, erster Entwurf, 1896, Ansicht (Graphische Sammlung Albertina, Wien)

95

k. k. Postsparkassenamt Wien, 1903, Schnittperspektive des Mittelrisalits (Österreichische Postsparkasse)

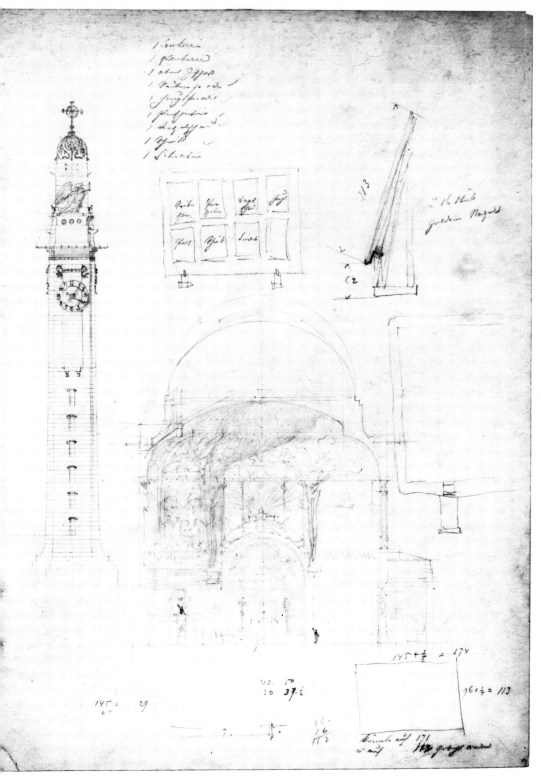

Pfarrkirche auf dem alten Währinger Friedhof in Wien, 1898, Schnitt (Privatbesitz) – siehe auch Seite 93

Pfarrkirche auf dem alten Währinger Friedhof in Wien, 1898, perspektivische Skizze (Privatbesitz)

98

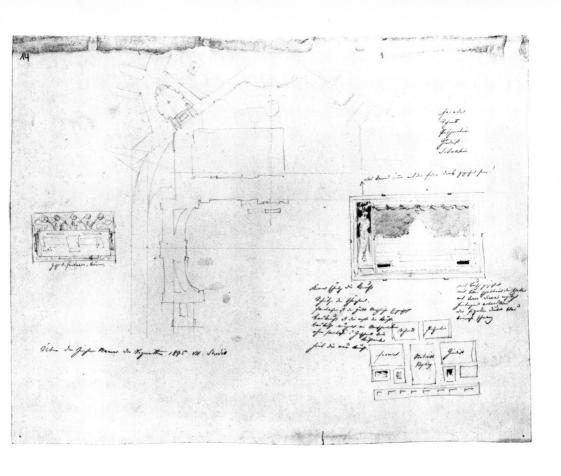

Studie für den Ausbau der Wiener Hofburg, 1898, Situation und Entwurf für die Präsentation (Privatbesitz)

Studie für den Ausbau der Wiener Hofburg, 1898, Aufriß (Privatbesitz)

Studie für den Ausbau der Wiener Hofburg, 1898, Skizze mit Ansicht zur Präsentation des Projektes
(Historisches Museum der Stadt Wien)

Studie für den Ausbau der Wiener Hofburg, 1898, Aufriß des Museumstraktes anstelle der Hofstallungen, (Historisches Museum der Stadt Wien)

...udie zum Umbau der Kapuzinerkirche mit der Kaisergruft in Wien, 1898, Skizze (Historisches Museum der Stadt Wien)

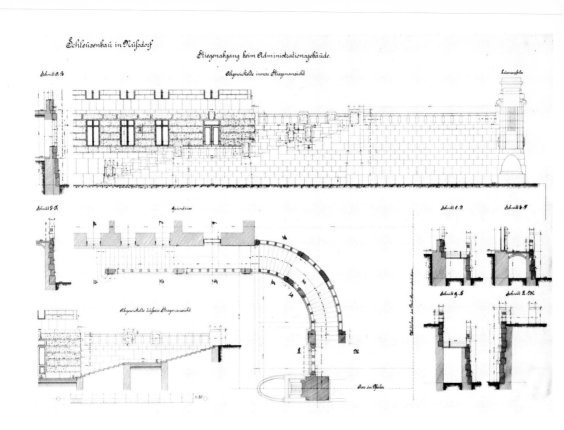

Wehr- und Schleusenanlage Wien-Nußdorf, 1894–1898, Stiegenabgang beim Administrationsgebäude, Ansicht und Grundriß
(Österreichisches Staatsarchiv)

...udie für ein Blatt der Huldigungs-Adresse von 1898 der Wiener Akademie, dargestellt ist die Brücke über die Wienzeile
...ürtellinie der Wiener Stadtbahn, 1894–1898) (Historisches Museum der Stadt Wien)

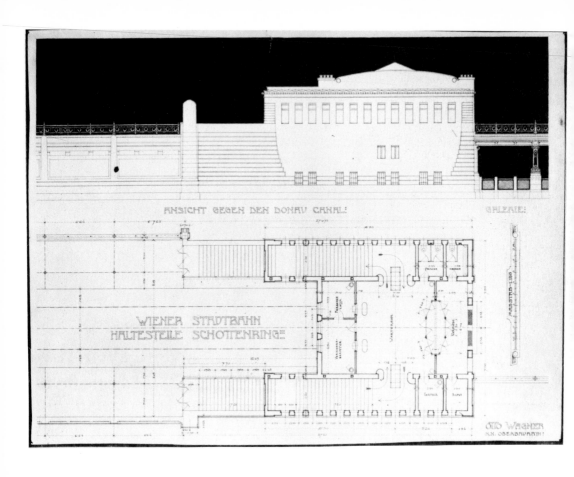

Haltestelle Schottenring der Wiener Stadtbahn, 1898, Ansicht und Grundriß (Privatbesitz)

Galerie für Werke der Kunst unserer Zeit, Entwurf, 1899, Schnitt (Historisches Museum der Stadt Wien)

Galerie für Werke der Kunst unserer Zeit, Entwurf, 1899, Ansicht (Akademie der bildenden Künste, Wien)

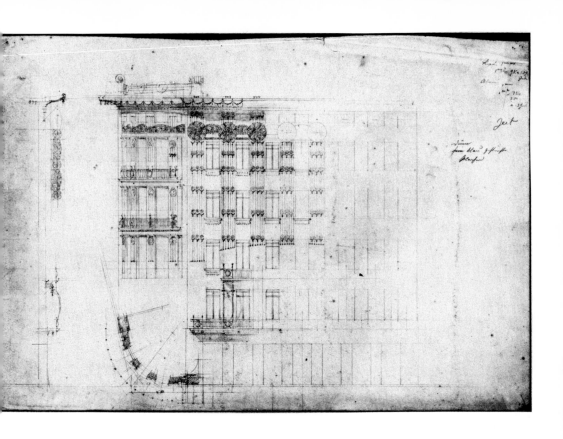

...assadenstudie zu einem Miethaus, um 1900 (Historisches Museum der Stadt Wien)

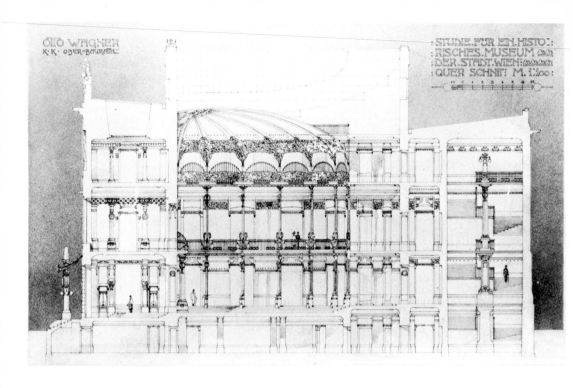

Studienprojekt zum Kaiser-Franz-Joseph-Stadtmuseum, Wien, 1901, Ansicht (Historisches Museum der Stadt Wien)

Wettbewerb für das Kaiser-Franz-Joseph-Stadtmuseum, Wien, 1901, Ansicht (Historisches Museum der Stadt Wien)

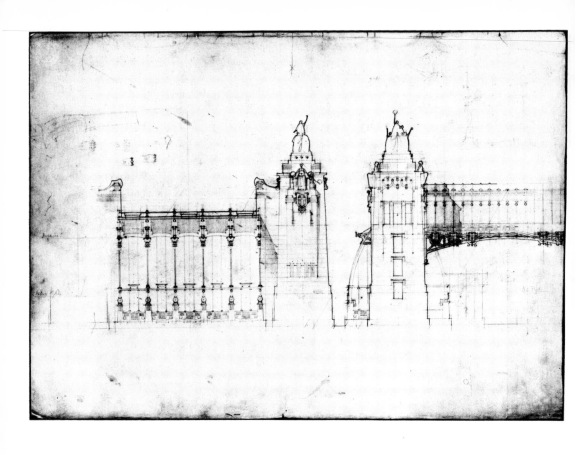

Vorkonkurrenz zum engeren Wettbewerb für das Kaiser-Franz-Joseph-Stadtmuseum, Wien, 1901–1902, Detailskizze des
Eingangsbereiches (Historisches Museum der Stadt Wien)

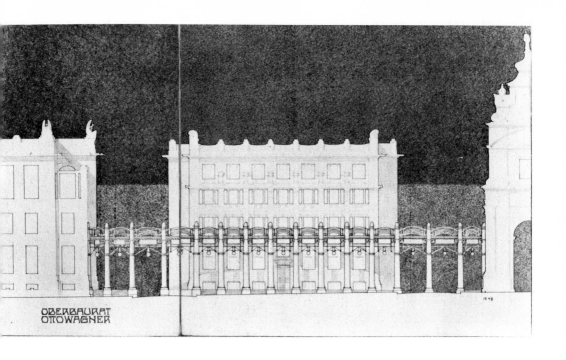

Engerer Wettbewerb für das Kaiser-Franz-Joseph-Stadtmuseum, Wien, Parallelentwurf, 1902, Ansicht Karlsplatz (Historisches Museum der Stadt Wien)

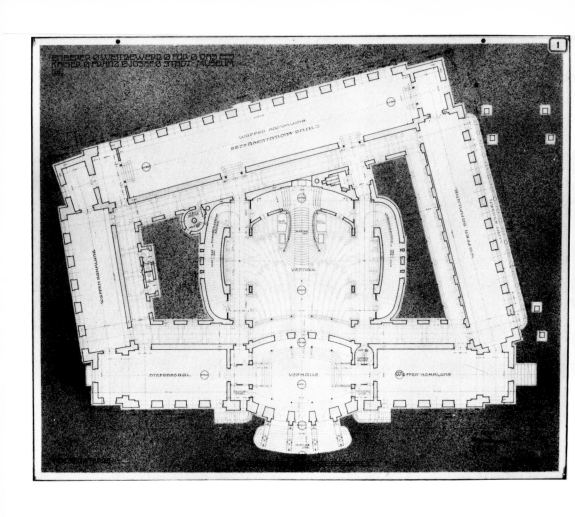

Engerer Wettbewerb für das Kaiser-Franz-Joseph-Stadtmuseum, Wien 1902, Ergeschoßgrundriß (Historisches Museum der Stadt Wien)

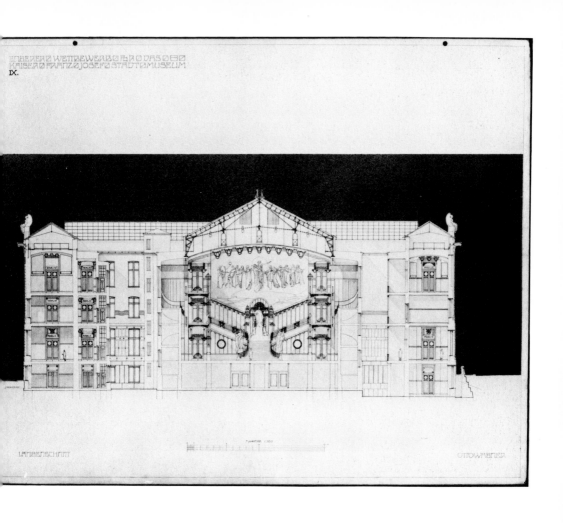

gerer Wettbewerb für das Kaiser-Franz-Joseph-Stadtmuseum, Wien, 1902, Querschnitt (Historisches Museum der Stadt
en)

Depeschenbüro »Die Zeit«, 1902, Aufriß des Portals (Institut für Kunstgeschichte der Universität Wien)

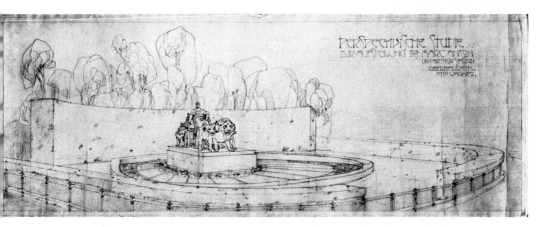

Studie zur Aufstellung des Marc-Anton-Denkmals in Wien, 1902, Perspektive (Privatbesitz)

Entwurf für den Kaiser-Franz-Joseph-Brunnen, Wien, 2. Variante, 1905 (Privatbesitz)

117

St.-Leopold-Kirche für die Niederösterreichische Landesirrenanstalt in Wien (Am Steinhof), Vorprojekt, 1902, Perspektive
(Historisches Museum der Stadt Wien) – siehe auch Seite 9

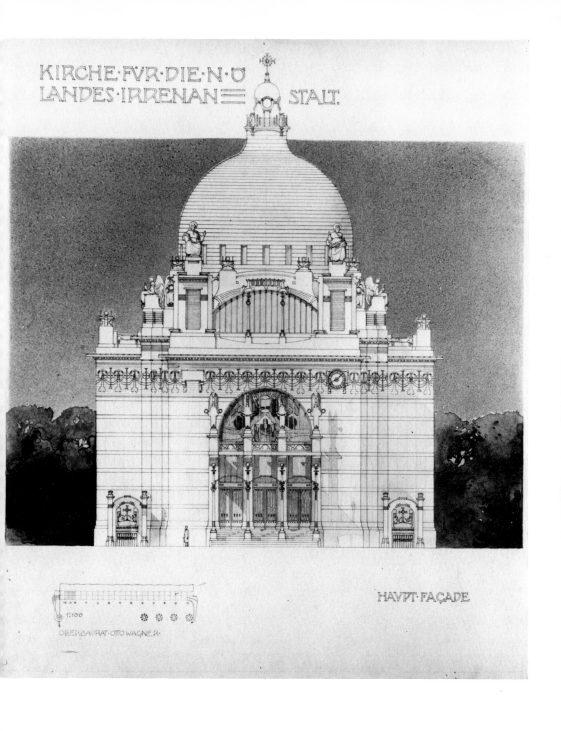

.-Leopold-Kirche für die Niederösterreichische Landesirrenanstalt in Wien (Am Steinhof), Vorprojekt, 1902, Hauptfassade
Historisches Museum der Stadt Wien)

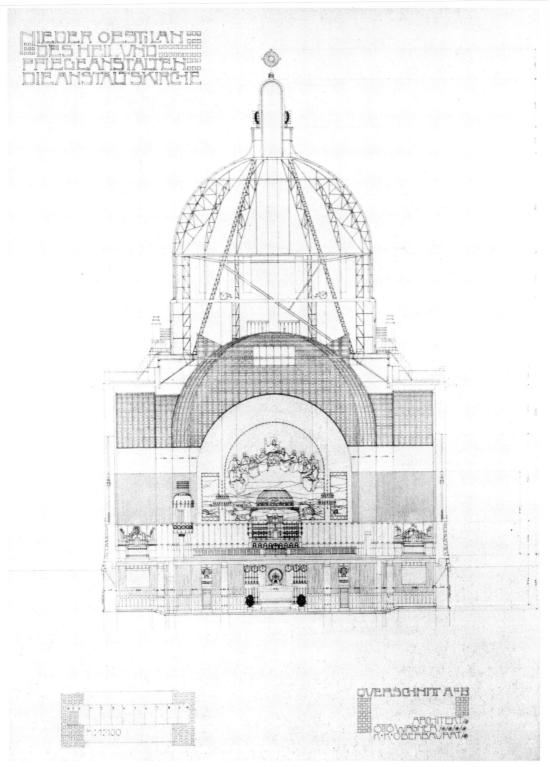

St.-Leopold-Kirche für die Niederösterreichischen Landes-Heil- und Pflegeanstalten in Wien (Am Steinhof), 1904, Schnitt (Historisches Museum der Stadt Wien)

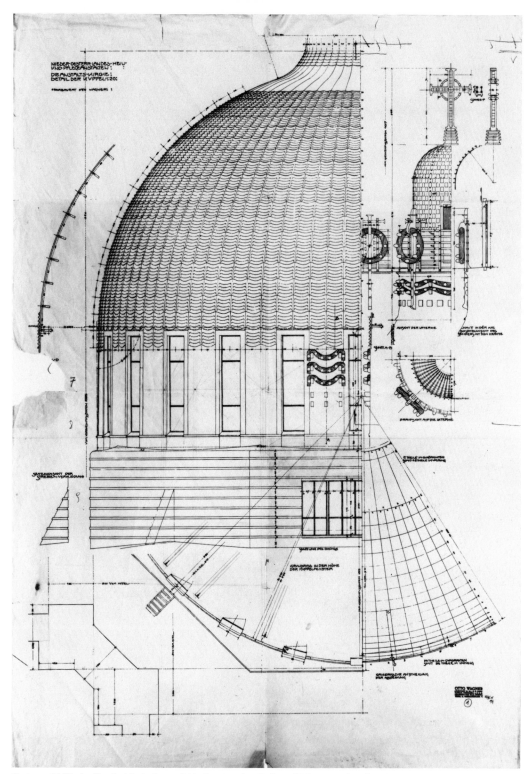

St.-Leopold-Kirche für die Niederösterreichischen Landes- Heil- und Pflegeanstalten in Wien (Am Steinhof), 1906, Detail der Kuppel (Historisches Museum der Stadt Wien)

121

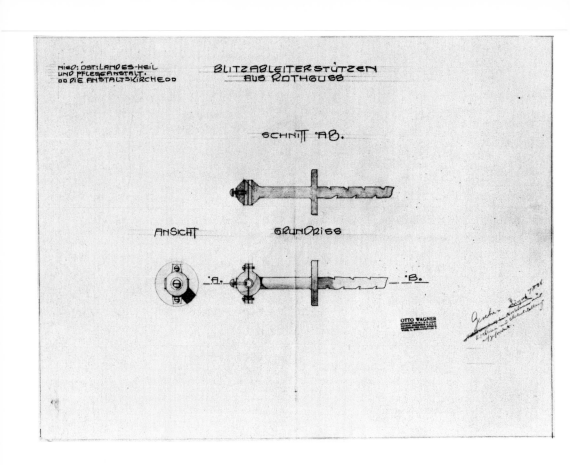

St.-Leopold-Kirche für die Niederösterreichischen Landes- Heil- und Pflegeanstalten in Wien (Am Steinhof), 1906, Detail der Blitzableiterstützen (Privatbesitz)

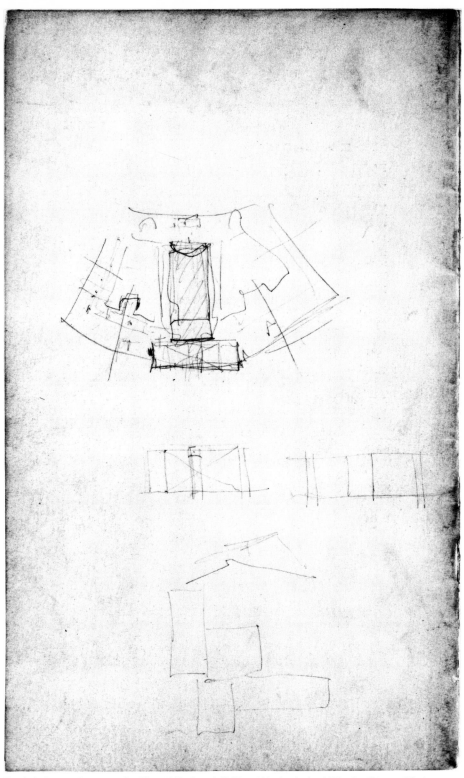

Das k. k. Postsparkassenamt in Wien, 1903, Grundrißskizze (Akademie der bildenden Künste, Wien)

Wettbewerb für den Bau des k. k. Postsparkassenamtes in Wien, 1903, Detail des Mittelrisalites (Historisches Museum der Stadt Wien) – siehe auch Seite 96

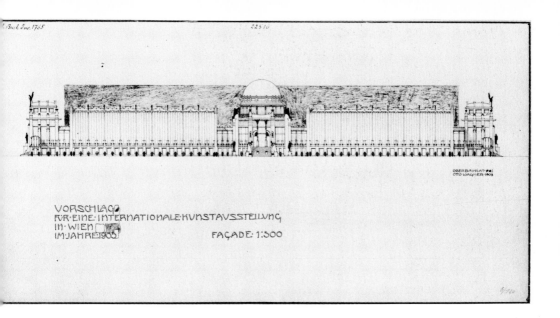

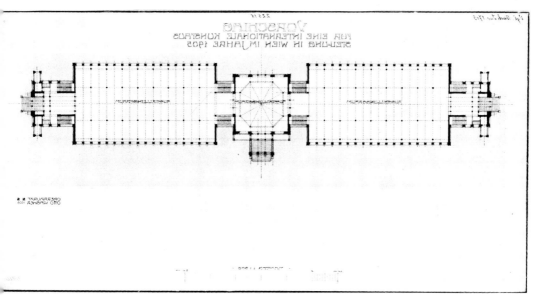

Vorschlag für eine internationale Kunstausstellung in Wien, 1903, Ansicht und Grundriß (Akademie der bildenden Künste, Wien)

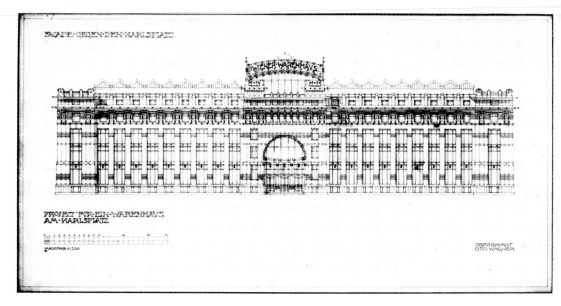

Projekt für ein Warenhaus am Karlsplatz in Wien, 1903, Ansicht (Historisches Museum der Stadt Wien)

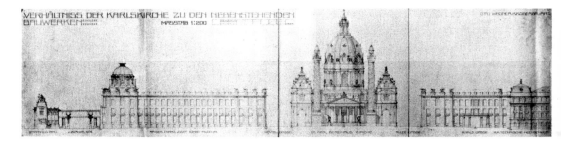

Kaiser-Franz-Joseph-Stadtmuseum in Wien, 1903, Fassaden im Verhältnis zur Karlskirche (Privatbesitz)

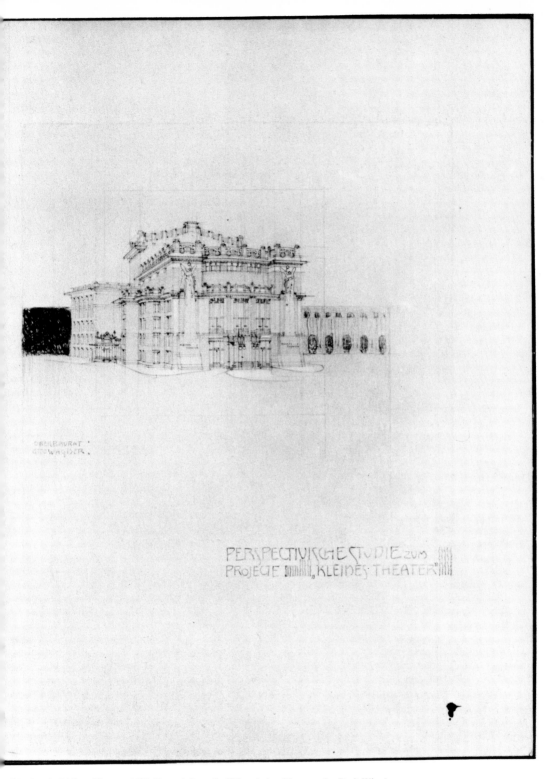

Projekt für ein kleines Theater, 1903, Perspektivstudie (Historisches Museum der Stadt Wien)

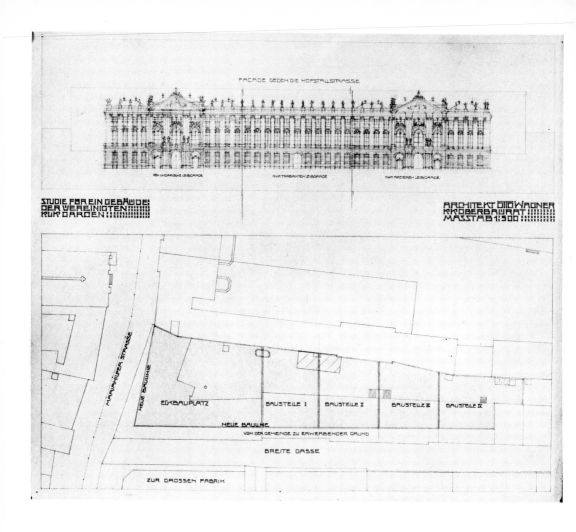

Studie für ein Gebäude der vereinigten k. u. k. Garden (Erweiterung des Palais Trautson), Wien, 1904, Ansicht
Darunter: Bebauungsvorschlag für die Breite Gasse (heute Karl Schweighofer-Gasse) in Wien (Österreichisches Staatsarchiv)

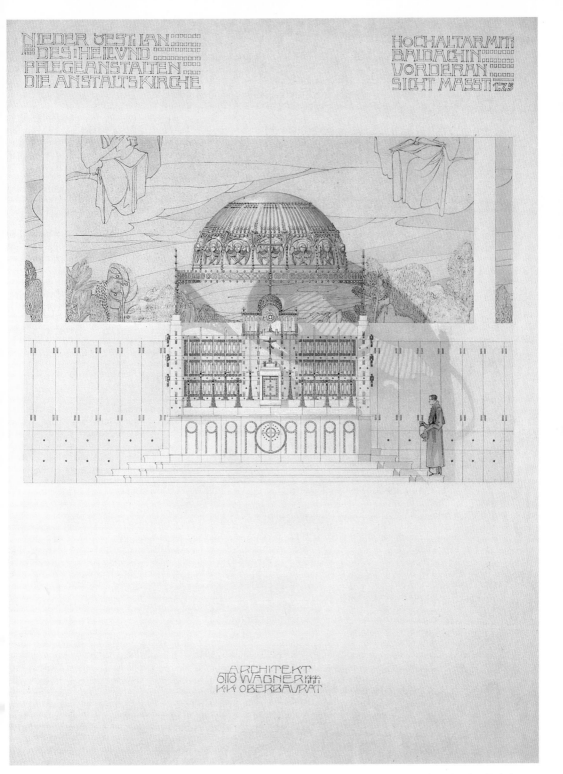

NIEDER ÖST LAN
DES HEIL VND
PFLEGEANSTALTEN
DIE ANSTALTS KIRCHE

HOCHALTAR MIT
BALDACHIN
VORDERAN
SICHT MASST 1:25

ARCHITEKT
OTTO WAGNER
KK OBERBAVRAT

Kirche St. Leopold für die Niederösterreichischen Landes-Heil- und Pflegeanstalten in Wien (Am Steinhof), 1904, Hochaltar
(Historisches Museum der Stadt Wien)

129

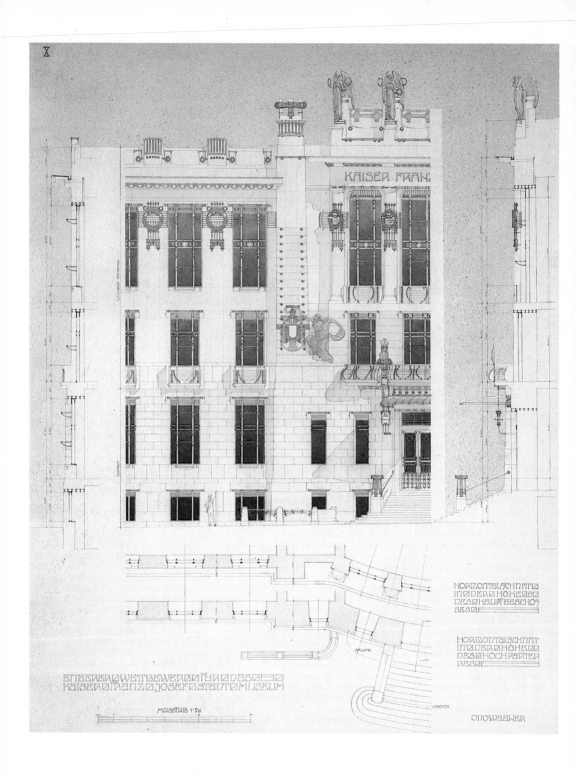

Engerer Wettbewerb für das Kaiser-Franz-Joseph-Stadtmuseum am Karlsplatz in Wien, 1902, Fassadenaufriß und -schnitt (Historisches Museum der Stadt Wien)

Monumentalbrunnen am Karlsplatz in Wien zum 60jährigen Regierungsjubiläum von Kaiser Franz Joseph, 1905, zweiter Entwurf, Ansicht (Historisches Museum der Stadt Wien)

131

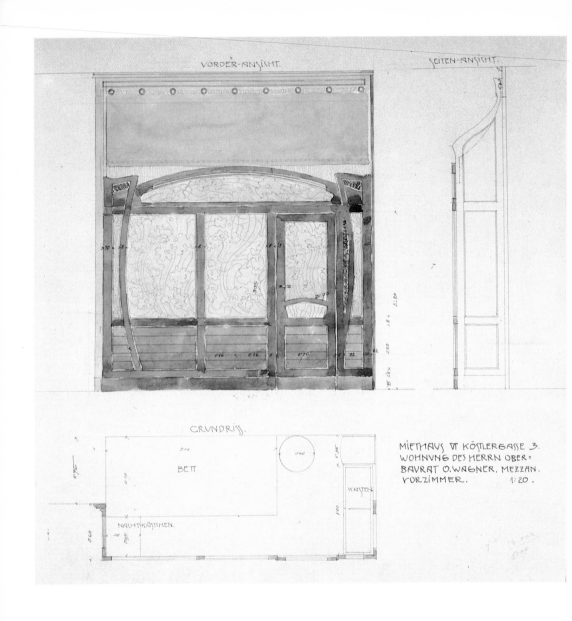

Miethaus Wien VI, Köstlergasse 3, Wohnung Otto Wagners, Vorzimmer, Aufriß, Aquarellstudie (Privatbesitz)

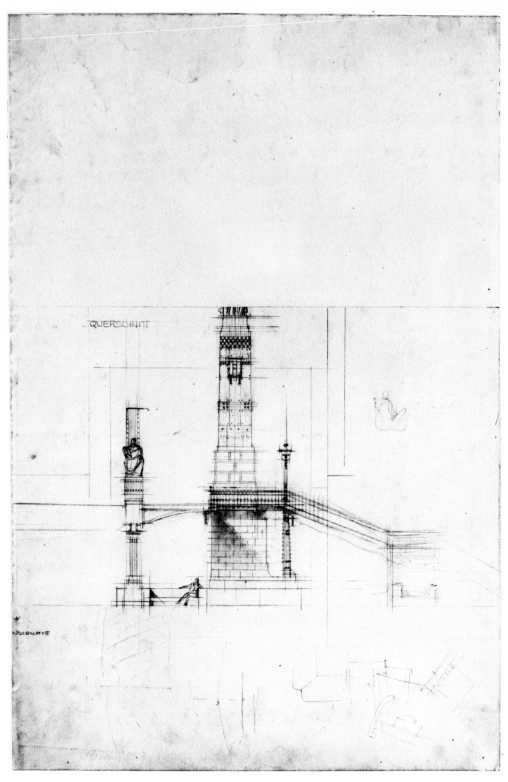

Ferdinandsbrücke in Wien, Entwurf, 1905, Aufriß eines Pylonen (Privatbesitz)

Ferdinandsbrücke in Wien, Entwurf, 1905, Perspektive des Brückenkopfes (Historisches Museum der Stadt Wien)

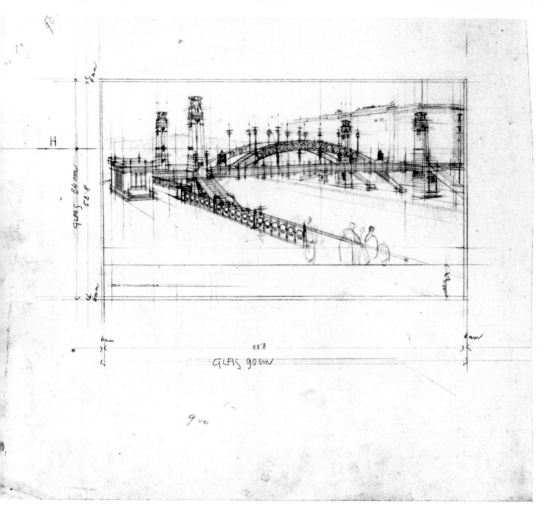

Ferdinandsbrücke in Wien, 1905, perspektivische Vorstudie (Privatbesitz)

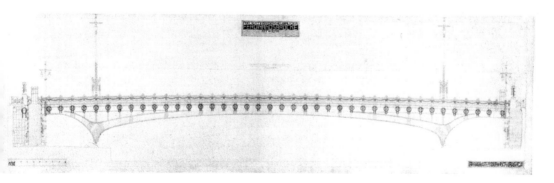

Späteres Projekt für die Ferdinandsbrücke in Wien, 1909, Ansicht (Privatbesitz)

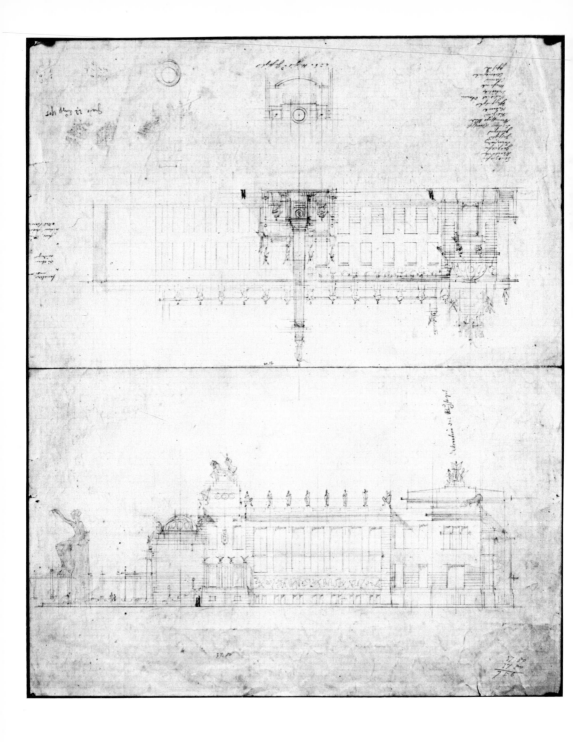

Projekt für den Friedenspalast in Den Haag, 1905, Ansichten (Graphische Sammlung Albertina, Wien)

136

rojekt für den Friedenspalast in Den Haag, 1905, Perspektive (Historisches Museum der Stadt Wien)

Neue Studie für den Friedenspalast in Den Haag, 1906 (Historisches Museum der Stadt Wien)

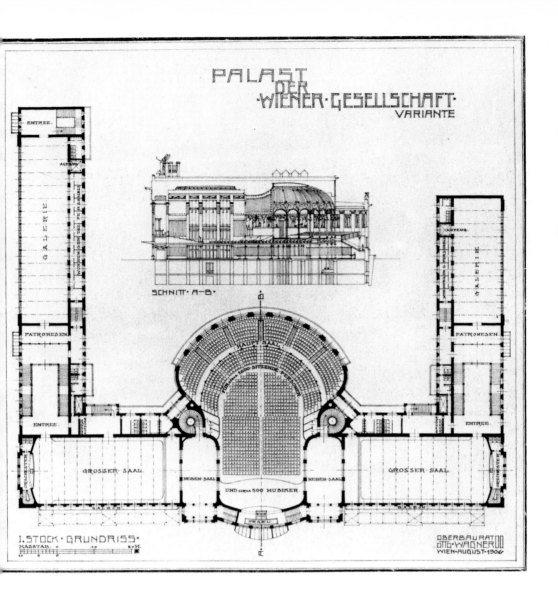

Entwurf für den Palast der Wiener Gesellschaft, 2. Variante, 1906, Grundriß des 1. Obergeschosses und Schnitt (Historisches Museum der Stadt Wien)

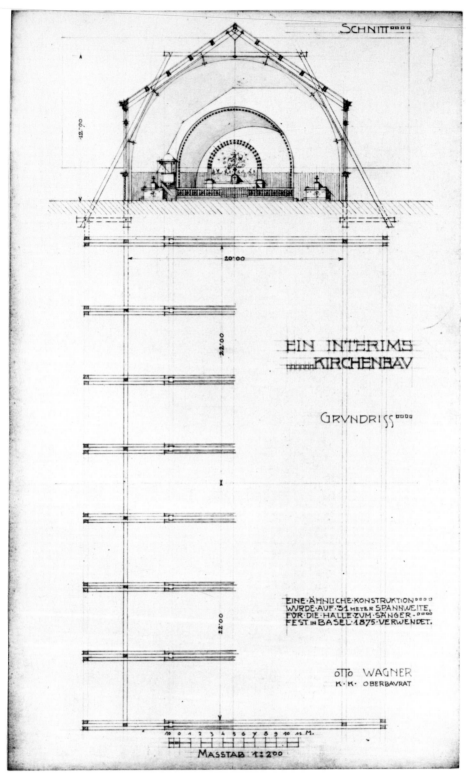

Projekt für eine Interimskirche, 1. Variante, 1907, Schnitt und Grundriß (Privatbesitz)

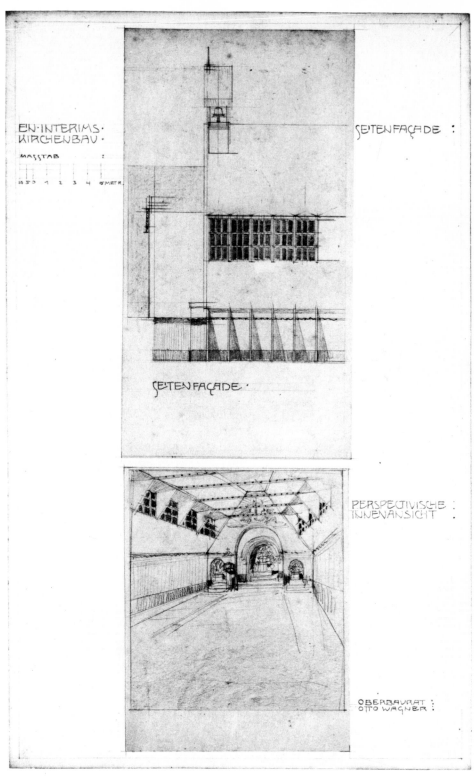

Projekt für eine Interimskirche, 2. Variante, 1907, Seitenfassade und perspektivische Innenansicht
(Privatbesitz)

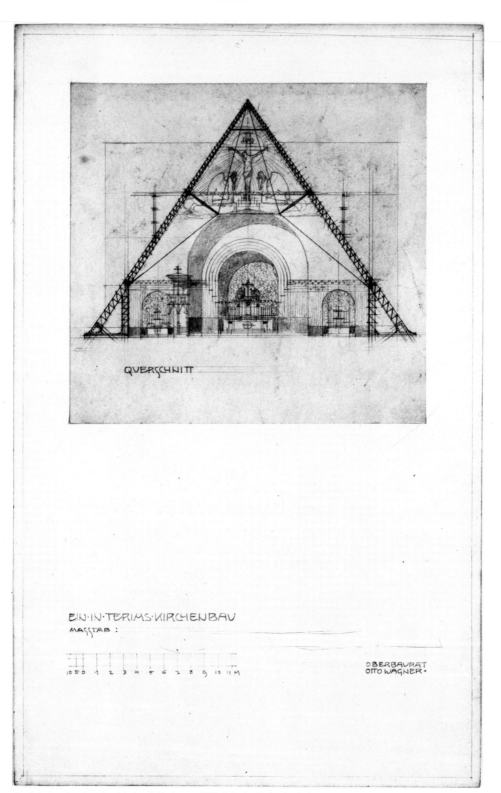

Projekt für eine Interimskirche, 2. Variante, 1907, Schnitt (Privatbesitz)

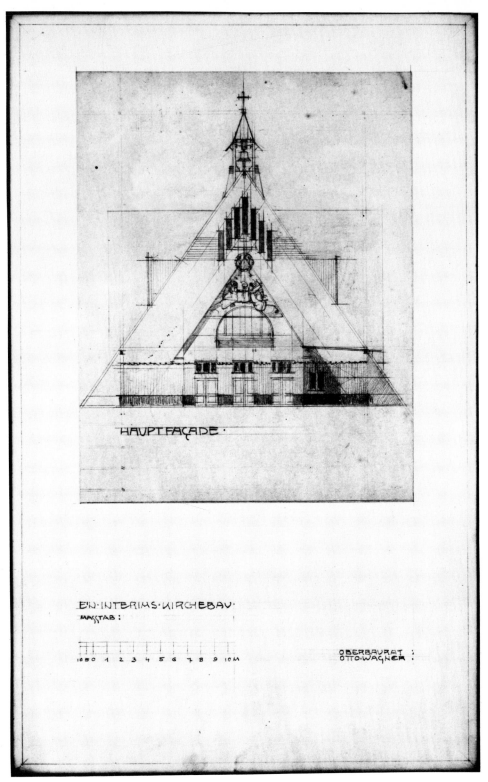

Projekt für eine Interimskirche, 2. Variante, 1907, Hauptfassade (Privatbesitz)

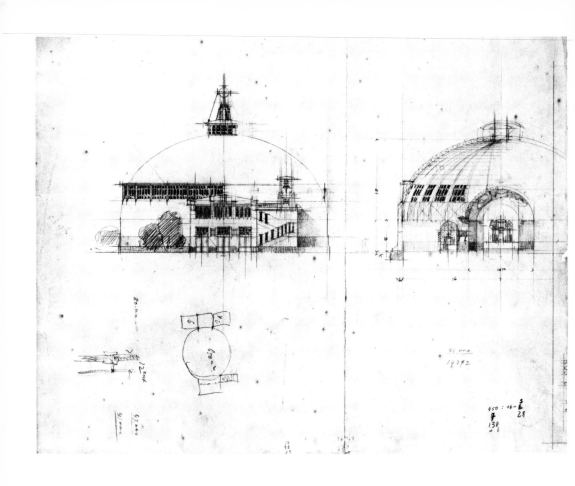

Projekt für eine Interimskirche. 3. Variante, 1907, Ansicht und Schnitt (Privatbesitz)

144

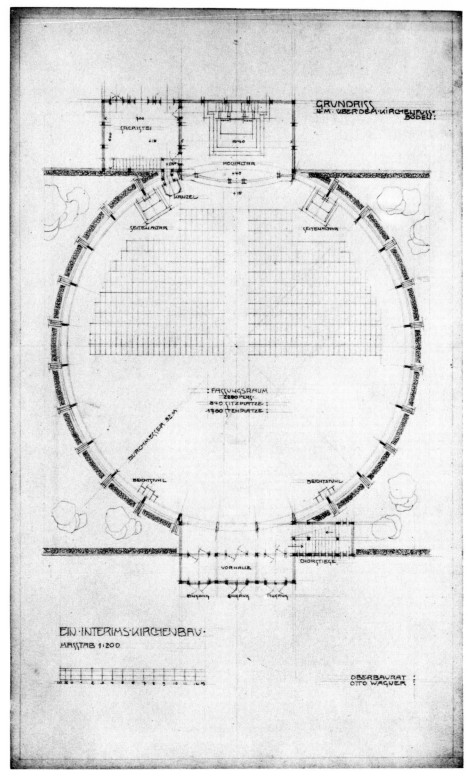

Projekt für eine Interimskirche, 3. Variante, 1907, Grundriß (Privatbesitz)

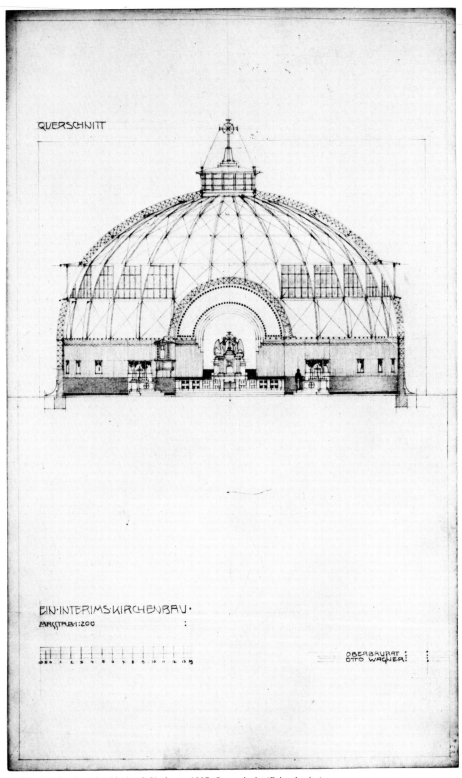

QUERSCHNITT

EIN·INTERIMSKIRCHENBAU·

MASSSTAB·1:200

OBERBAURAT
OTTO WAGNER

Projekt für eine Interimskirche, 3. Variante, 1907, Querschnitt (Privatbesitz)

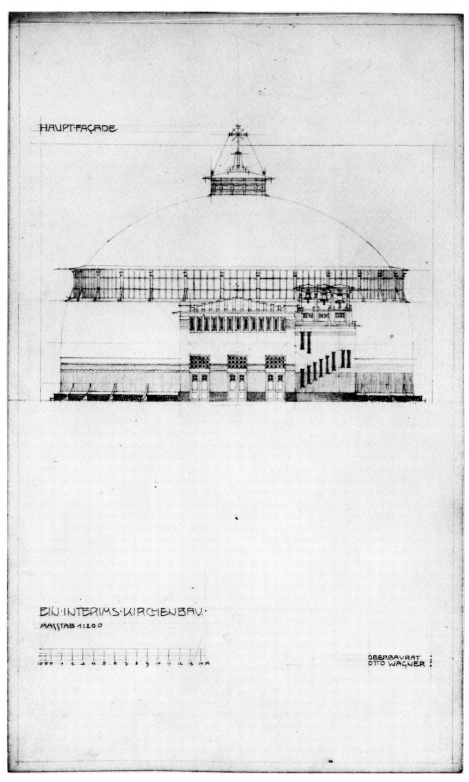

Projekt für eine Interimskirche, 3. Variante, 1907, Hauptfassade (Privatbesitz)

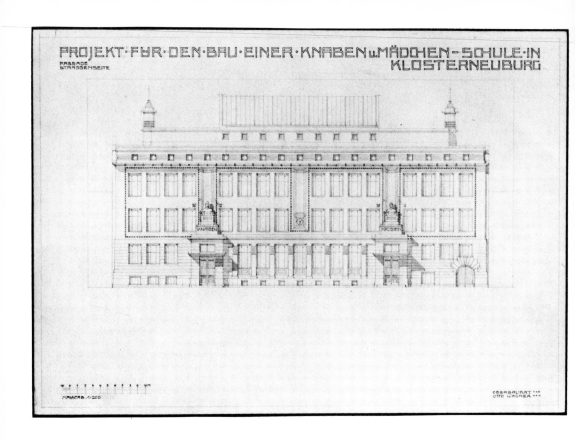

Projekt für eine Knaben- und Mädchenschule in Klosterneuburg, 1907, Aufriß (Historisches Museum der Stadt Wien)

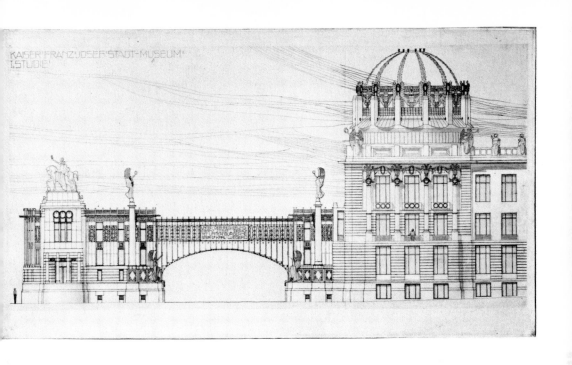

Großes Projekt für das Kaiser-Franz-Joseph-Stadtmuseum am Karlsplatz in Wien, 1907, Ansicht des Eingangsbereiches
(Historisches Museum der Stadt Wien)

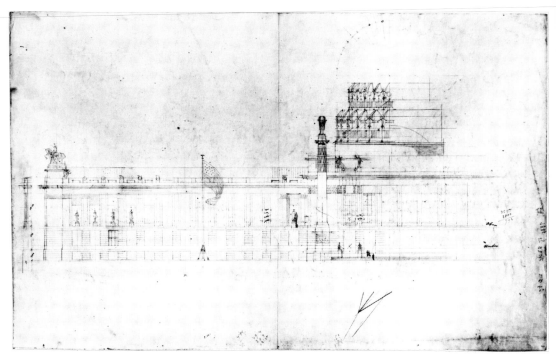

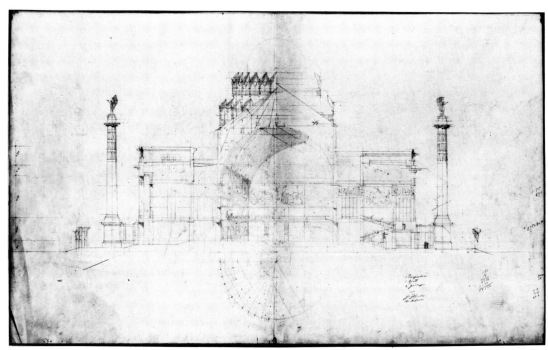

Projekt für das House of Glory, San Francisco (?), 1907, Skizze der Fassade und Schnitt (Privatbesitz)

150

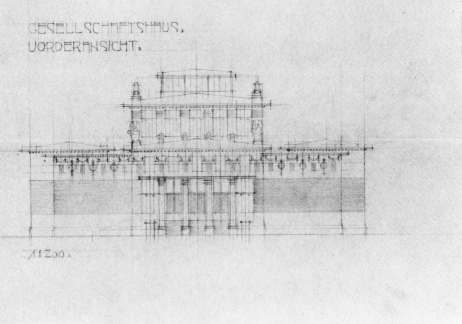

Projekt für ein Gesellschaftshaus in Wien, 1908, Hauptansicht (Privatbesitz)

Wettbewerbsprojekt für das k. u. k. Reichs-Kriegs-Ministerium in Wien 1907—1908, Eingangspartie mit Radetzky-Denkmal
(Einige Skizzen, Projekte und ausgeführte Bauwerke, Band III)

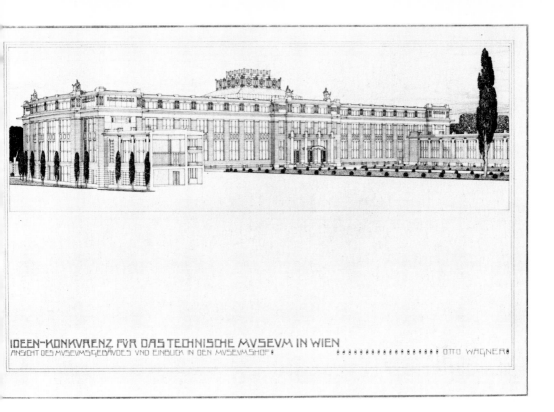

IDEEN-KONKVRENZ FVR DAS TECHNISCHE MVSEVM IN WIEN
ANSICHT DES MVSEVMSGEBÄVDES VND EINBLICK IN DEN MVSEVMSHOF   OTTO WAGNER

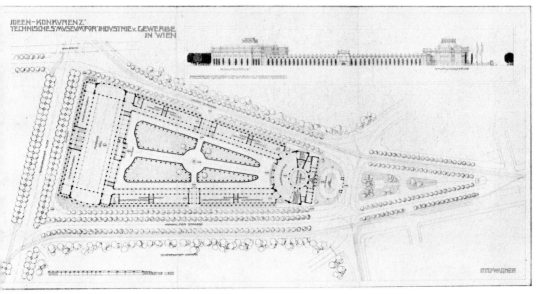

IDEEN-KONKVRENZ
TECHNISCHES MVSEVM FVR INDVSTRIE v. GEWERBE
IN WIEN

een-Konkurrenz für das Technische Museum in Wien, 1909, Schnittansicht und Grundriß (Historisches Museum der Stadt
ien)

153

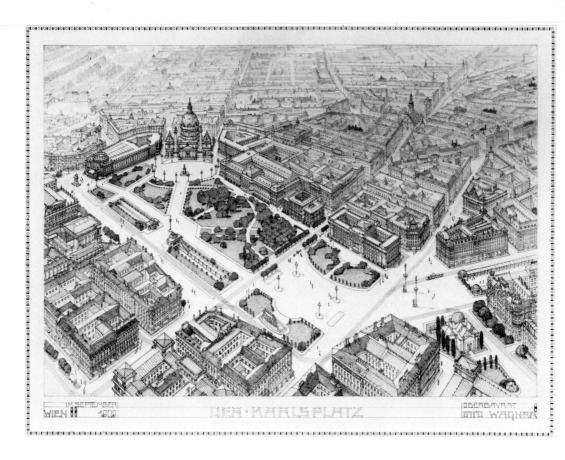

Der Karlsplatz in Wien, Gestaltungsvorschlag, 1909, Perspektive (Historisches Museum der Stadt Wien)

154

›Die Kultur«, Denkmal vor dem Kaiser-Franz-Joseph-Stadtmuseum am Karlsplatz, 1909, Ansicht (Historisches Museum der Stadt Wien)

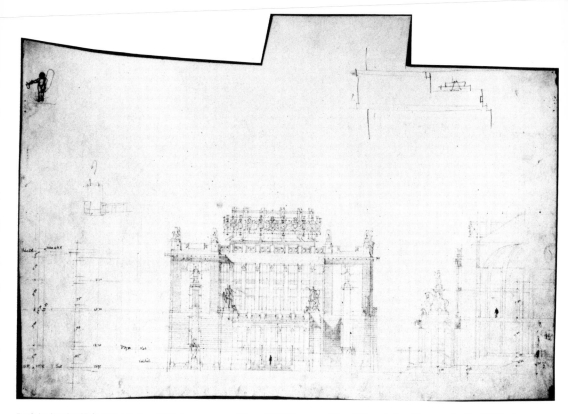

Projekt für das Kaiser-Franz-Joseph-Stadtmuseum in Wien, 1909, Fassadenskizze (Historisches Museum der Stadt Wien)

Rechte Seite:

Projekt für das Kaiser-Franz-Joseph-Stadtmuseum in Wien, 1909, Perspektivskizze (Akademie der bildenden Künste, Wien)

Projekt für das Kaiser-Franz-Joseph-Stadtmuseum in Wien, letzte Variante, 1909, Perspektivskizze (Historisches Museum der Stadt Wien)

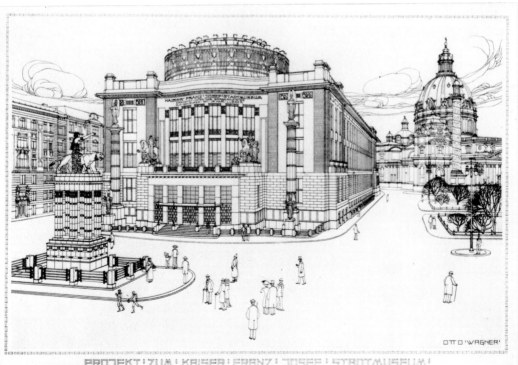

PROJEKT · ZUM · KAISER · FRANZ · JOSEF · STADTMUSEUM ·

157

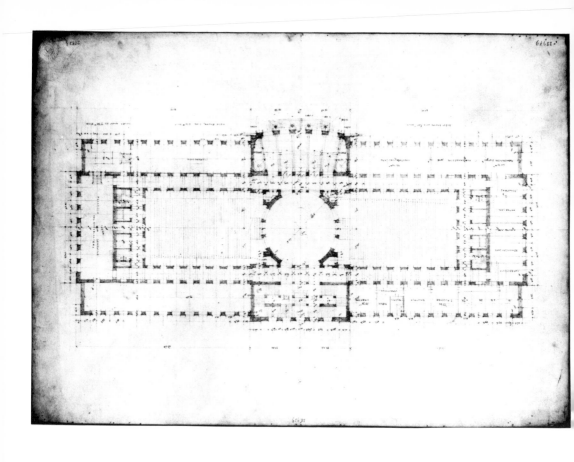

Projekt für das Kaiser-Franz-Joseph-Stadtmuseum in Wien auf der Schmelz, 1910, Erdgeschoßgrundriß (Akademie der bildenden Künste, Wien)

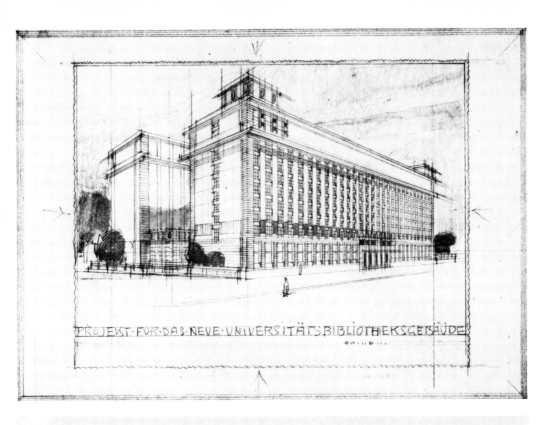

Projekt für den Neubau einer Universitätsbibliothek in Wien, 1910, Perspektiven (Historisches Museum der Stadt Wien)

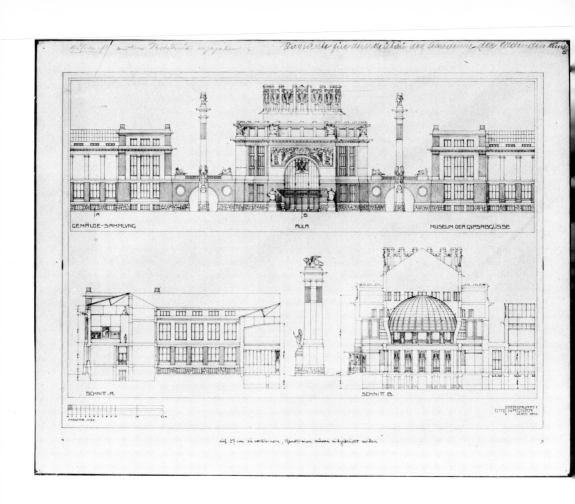

Projekt für den Neubau der k. k. Akademie der bildenden Künste in Wien auf der Schmelz, 1910, Aufriß des Mittelbaues
(Historisches Museum der Stadt Wien)

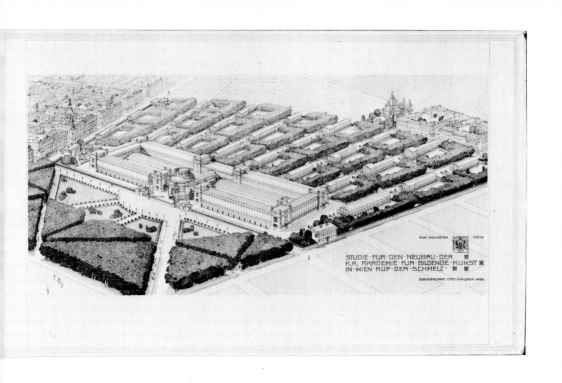

STUDIE · FUR · DEN · NEUBAU · DER
K.K. AKADEMIE · FUR · BILDENDE · KUNST
IN · WIEN · AUF · DER · SCHMELZ ·

...die für den Neubau der k. k. Akademie der bildenden Künste in Wien auf der Schmelz, 1910, Perspektive
...storisches Museum der Stadt Wien)

Wettbewerb für das Kaiser-Franz-Joseph-Stadtmuseum in Wien auf der Schmelz, 1912, Perspektive (Historisches Museum der Stadt Wien)

Studie zur Bebauung des XXII. Wiener Gemeindebezirkes (Studie *Die Großstadt*), 1911, Perspektive des geplanten Zentrums
(Historisches Museum der Stadt Wien)

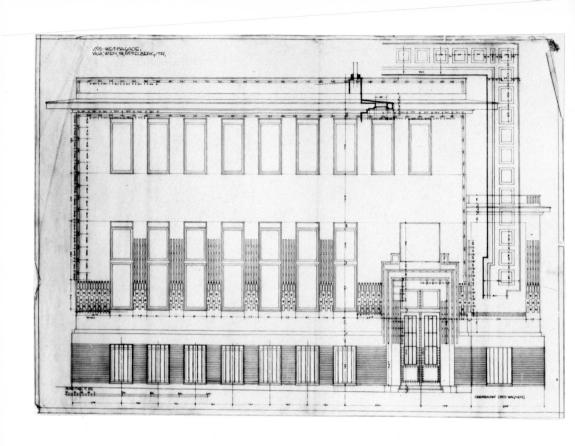

Zweite Villa Wagner, Wien XIV, Hüttelbergstraße 28, 1912, Ansicht (Historisches Museum der Stadt Wien)

164

Denkmalentwurf, 1913 (Privatbesitz)

Studie zur Kirchennot, 1915–1916, perspektivische Innenansicht (Privatbesitz)

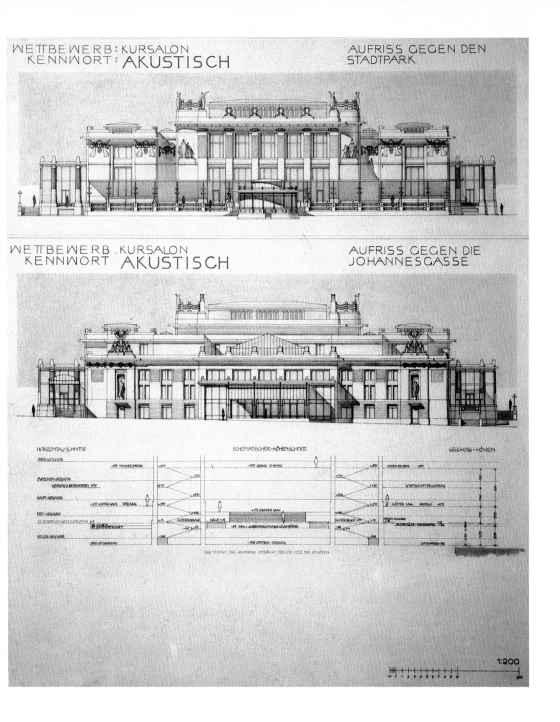

Wettbewerb für den Kursalon in Wien, 1914, Ansichten vom Stadtpark und von der Johannesgasse, Schemaschnitt (Privatbesitz)

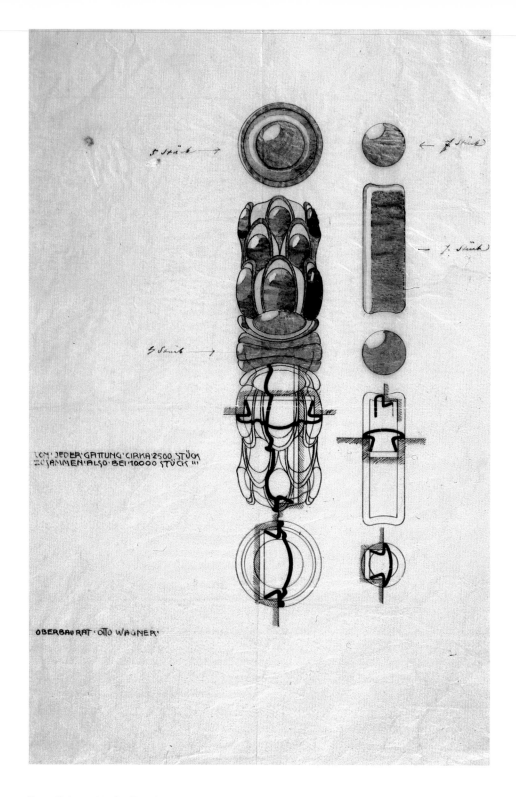

Keramikeinsatz für eine Fassade, um 1915? (Akademie der bildenden Künste, Wien)

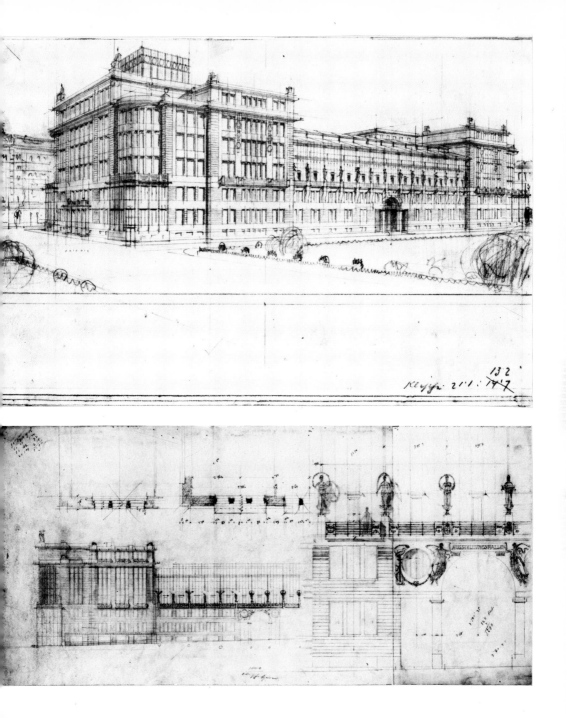

Iaus für den Bund Österreichischer Künstler auf dem Areal des Kaiser-Franz-Joseph-Stadtmuseums am Karlsplatz in Wien, 912–1914, perspektivische Ansicht und Fassadendetails (Akademie der bildenden Künste, Wien)

Skizzen zu einem Denkmal vor dem Schloß Schönbrunn, Wien, 1913 (Privatbesitz)

170

Projekt für ein Hotel (Hotel Wien), 1913, Ansicht und Fassadenschnitt des
Mittelrisalites (Privatbesitz)

Projekt für ein »Haus der Kunst MCM-MM«, 1913, Perspektive (Österreichische Galerie)

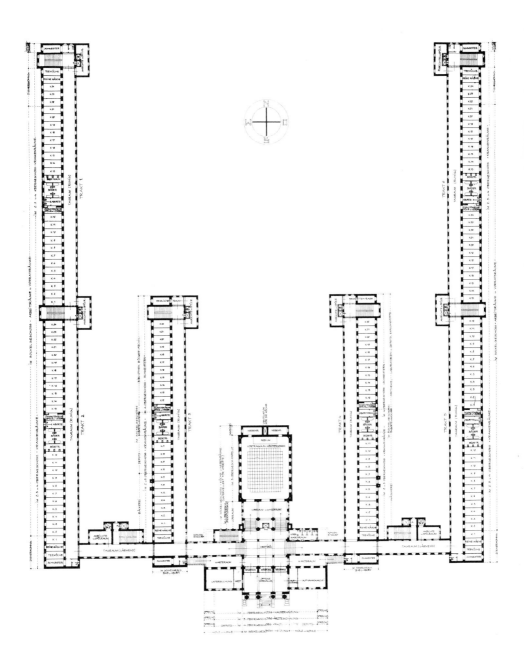

Entwurf für das St.-Magdalenen-Spital in Wien-Inzersdorf, 1916, Ansicht und Hauptgeschoßgrundriß (Akademie der bildenden Künste, Wien)

173

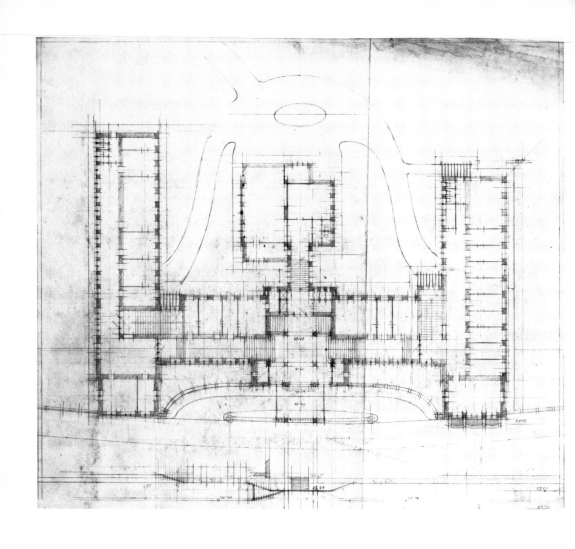

Projekt für das »Kaiser-Franz-Joseph-Stiftungslazarett« für Krebskranke, 1914, Vorstudie Grundriß (Privatbesitz)

174

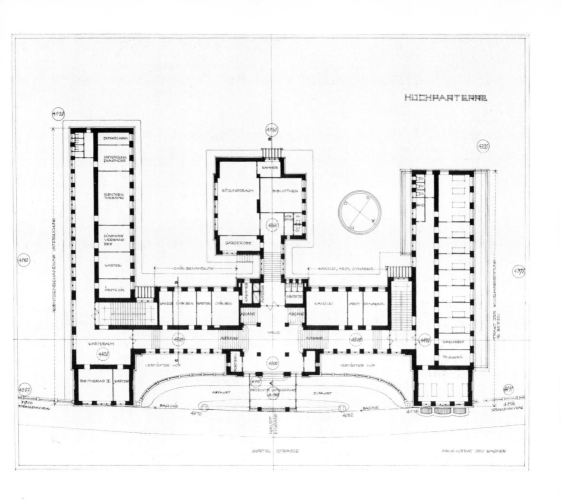

Projekt für das »Kaiser-Franz-Joseph-Stiftungslazarett« für Krebskranke, 1914, Grundriß (Privatbesitz)

175

Entwurf für Tür- und Fensterbeschläge zum Projekt »Kaiser-Franz-Joseph-Stiftungslazarett« für Krebskranke, 1914,
(Historisches Museum der Stadt Wien)

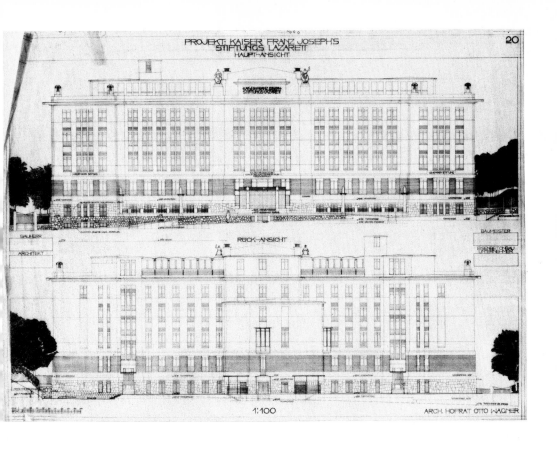

Projekt für das »Kaiser-Franz-Joseph-Stiftungslazarett« für Krebskranke, 1914, Ansichten (Historisches Museum der Stadt Wien)

Projekt für eine Siegeskirche in Maria Ellend an der Preßburger Bahn, 1915–16, Ansicht und Schnittskizze (Akademie der bildenden Künste, Wien)

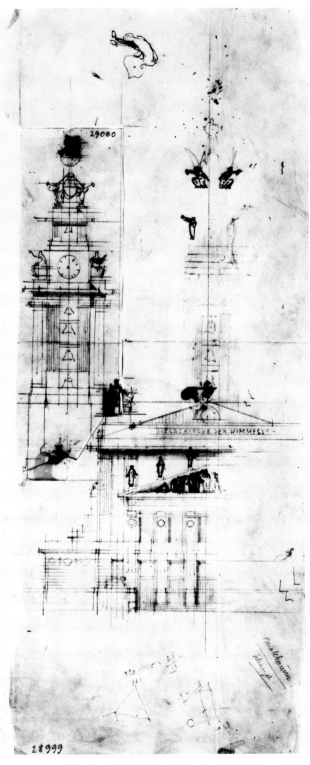

Projekt für eine Siegeskirche in Maria Ellend an der Preßburger Bahn,
1915–16, Ansichtsskizze (Akademie der bildenden Künste, Wien)

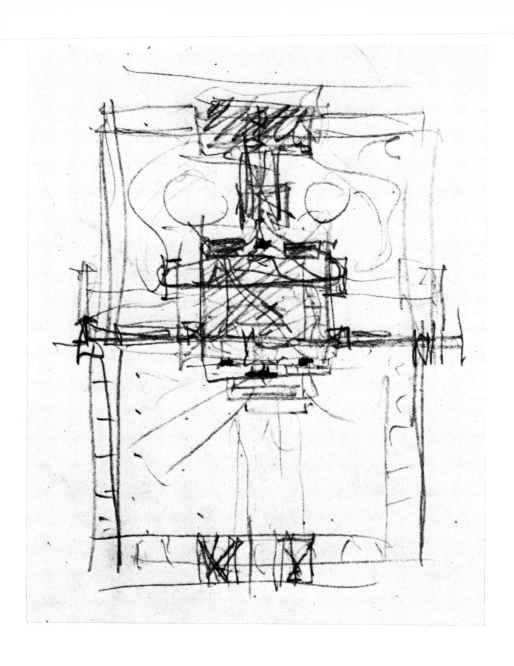

Projekt für eine Friedenskirche in Wien, 1917, Grundrißskizze (Historisches Museum der Stadt Wien)

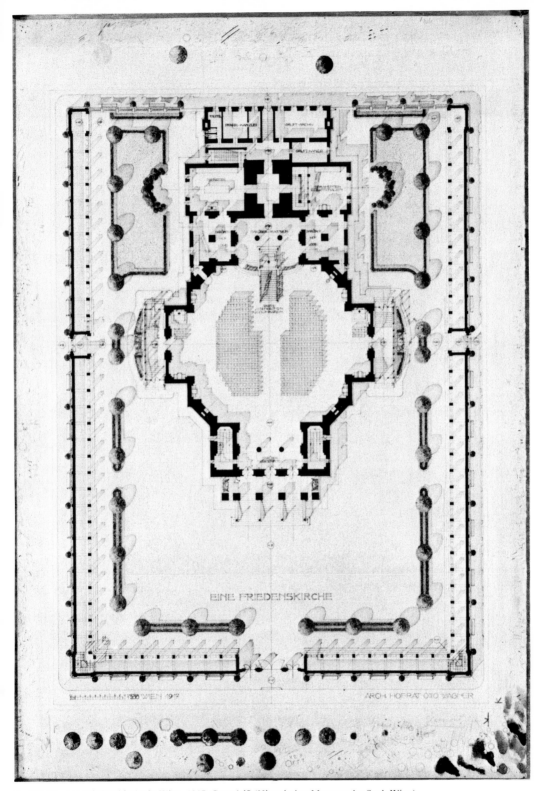

Projekt für eine Friedenskirche in Wien, 1917, Grundriß (Historisches Museum der Stadt Wien)

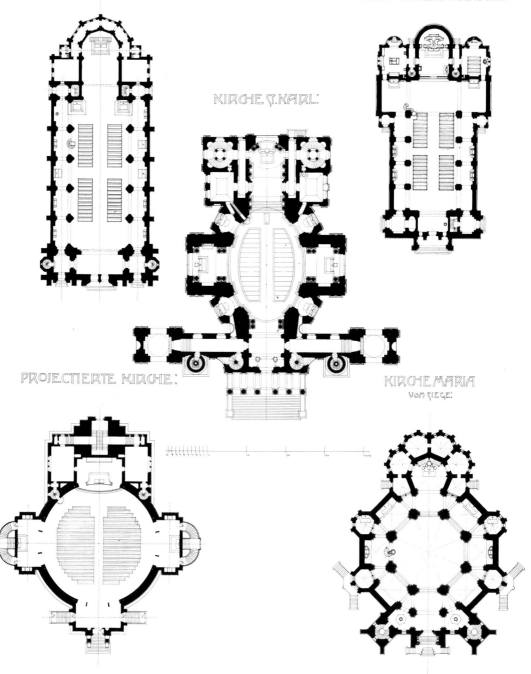

Grundrisse Sakralbauten, Otto Wagners Vergleich seiner projektierten Kirche mit historischen Wiener Kirchen (Akademie der bildenden Künste, Wien)

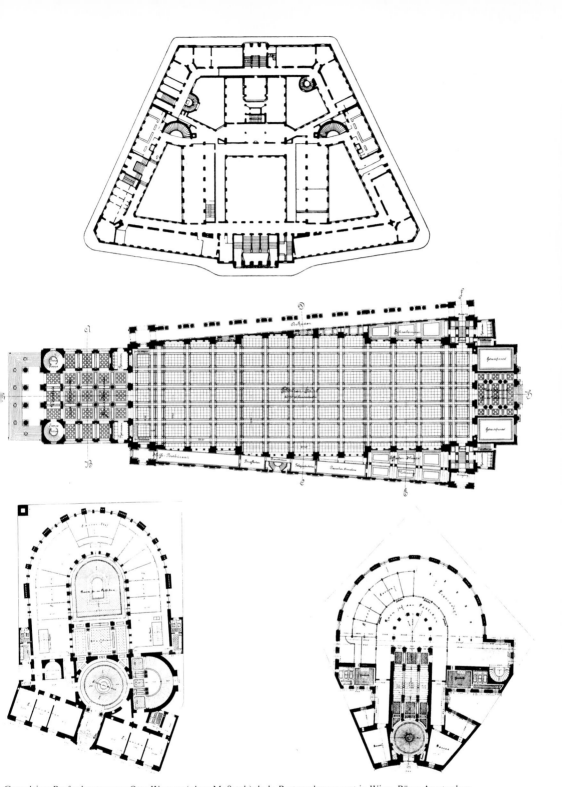

Grundrisse Profanbauten von Otto Wagner (ohne Maßstab): k. k. Postsparkassenamt in Wien, Börse Amsterdam (Wettbewerbsprojekt), Länderbank Wien, Amtsgebäude des Wiener Giro- und Kassenvereines (Wettbewerbsprojekt)

Otto Wagner
Werkverzeichnis

(Auszug aus: Otto Antonia Graf, Otto Wagner, Das Werk des Architekten, Band 2 und 3, 1984 bei Böhlau, Wien; Textband: Baukunst des Eros, ebendort, 1986/87)
(Wo kein Ort angegeben ist, ist Wien zu lesen; Otto Wagners Schriften sind *kursiv* gedruckt.)

1860: Jagdhütte
1863: Kursalon; Börsengebäude
1864: Harmoniegasse, 12 Häuser und Theater
1867: Villa Epstein in Baden; Dom in Berlin
1868: Synagoge in Budapest; Ziegelei am Laaerberg; Regulierungsplan für Budapest
1869: Bellariastraße 4
1870: Villa Kunewalder, Bad Vöslau
1872—73: Verlegung des Wienflusses, Stadtbahnsystem
1874: Justizpalast
1875: Bauernmarkt 6; Schönburggasse 2; Landtag Lemberg
1876: Wohnhaus für Herrn K., Privatmuseum; Rathaus Hamburg
1877: Schottenring 23
1878: Umbau Dianabad; Entwurf für ein Miethaus; Entwurf für ein Miethaus

1879: Freisingergasse; Festzelt des Makartfestzuges; Pfarrkirche in Soborsin, Rumänien
1880: Artibus; Giro-Cassenverein; Rathausgasse 3; Franz Josefsäule
1881: Festdekoration zum Einzug der Prinzessin Stephanie; Goethedenkmal; Familiengruft Wagner
1882: Denkmal für die Opfer des Ringtheaterbrandes; Deutsches Reichstagsgebäude, Berlin; Länderbank; Stadiongasse 6—8; Parlament in Budapest
1884: Lobkowitzplatz 1; Bodencreditanstalt; Börse in Amsterdam
1885: Villa Hahn in Baden; Jagdschloß in Nisch, Serbien
1886: Villa Wagner; Kuppelvilla; Palais der russischen Botschaft
1887: Universitätsstraße 12
1889: Wohnhaus Wagner; Rennweg 1; Auenbruggergasse 2; *Einige Skizzen, Projekte und ausgeführte Bauwerke, Band 1*
1890: Monumentalgebäude in Innsbruck; Dom in Berlin
1892: Regulierung des Karlsplatzes
1893: Pfarrkirche in Esseg, Slavonien; Brücke über den Halterbach; *Generalregulierungsplan für Wien;* Kasernenfrage; Handelsministerium; Warenhaus Neumann
1894: Wehranlage Nußdorf; Stadtbahn; *Antrittsrede an der Akademie;* Spiegelgasse 2
1895: St. Johanneskapelle; Reiterdenkmal für Kaiser Franz Josef
1896: Museum der Gipsabgüsse; *Moderne Architektur;* Kaianlagen Donaukanal
1897: Nationaldenkmal; Huldigungsadresse der Akademie; *Einige Skizzen, Projekte und ausgeführte Bauten, Band 2;* Habsburgerwarte; Ausstellungspavillon
1898: Neubau der Akademie der bildenden Künste; Köstlergasse 1; Köstlergasse 3; Linke Wienzeile 40; Kirche auf dem Währinger Friedhof; Ausbau der neuen Hofburg; *Architektur;* Neubau der Kapuzinerkirche und Kaisergruft
1899: Moderne Galerie; *Die Kunst im Gewerbe*
1900: Entwurf für ein Miethaus; Entwurf für ein Bankgebäude; Stadtmuseum, Agitationsprojekt; *Die Kunst im Gewerbe*
1901: Österreichisch-Ungarische Bank in Budapest; Stadtmuseum, Vorkonkurrenz und Engerer Wettbewerb
1902: *Erhaltung, nicht Restaurierung von St. Stephan in Wien;* St. Leopold; Depeschenbüro der „Zeit"; Kathedrale in Patras, Griechenland; Aufstellung des Marc Anton von Strasser
1903: Postsparkassenamt; Kleines Theater; Ausstellungsgebäude; *Unsere Kunst;* Warenhaus; Stadtmuseum, Großes Projekt, sechs Varianten bis 1910; Verlegung des Naschmarktes

1904: Vindobonabrücke; Schützenhaus Staustufe Kaiserbad; Gebäude der Vereinigten k. u. k. Garden; Monumentalbrunnen; *Denkschrift über die Reorganisation der Kunstschulen und der Kunstpflege*

1905: Ferdinandsbrücke, zwei Varianten; *Tischrede zum 10. Jahrestag der Wagnerschule;* Villa Wagner II; Friedenspalast Den Haag

1906: *Einige Skizzen, Projekte und ausgeführte Bauten, Band 3; Der Architekt und sein Werdegang;* Entwurf für ein Miethaus; Palast der Wiener Gesellschaft; Kolonnaden Karlsbad; Interimskirche, vier ganz verschiedene Varianten

1907: House of Glory, USA; Schule in Klosterneuburg; Umbau der Zedlitzhalle; Handelsministerium; *Erläuterungen zur Bauvollendung der Kirche der Niederösterreichischen Landes-Heil- und Pflegeanstalten*

1908: Reichskriegsministerium; Gesellschaftshaus; Lupusheilstätte, zwei Varianten; *Eröffnunsrede am VIII. Internationalen Architektenkongreß; Josef Olbrich*

1909: *Zur Kunstförderung;* Ferdinandsbrücke; Technisches Museum für Industrie und Gewerbe; Neustiftgasse 40; *Moderner Theaterbau;* Entwurf für ein Miethaus; Regulierung der Freihausgründe

1910: Universitätsbibliothek I; *Kaiserdenkmal oder Lueger-Monument vor dem Rathause;* Hotel Wien I; Hotel Wien II; Neubau der Akademie der bildenden Künste; Stadtmuseum, Projekt für die Schmelz

1911: *Laienurteile in der Kunst; Die Großstadt;* Döblergasse 4.

1912: Villa Wagner; *Die Qualität des Baukünstlers; Leitwort zum Ehrenjahr der Wagnerschule;* Stadtmuseum, *Opus IV;* Ausstellungshallen des Bundes Österreichischer Künstler

1913: Zedlitzhalle II; Haus der Kunst MCM-MM; Hotel Wien III; Denkmal vor Schloß Schönbrunn; *Die Baukunst unserer Zeit; Das k. k. Österreichische Postsparkassenamt in Wien*

1914: Krebsforschungsspital; Universitätsbibliothek II; Höhen- und Sonnenlichtheilstätte Palmschoos, Brixen; Umbau des Kursalons

1915: Spitalsbaracken; *Der Wettbewerb für ein Kriegerdenkmal;* Siegeskirche, Maria Ellend

1916: Studie zur Kirchennot; drei Miethäuser auf tiefem Grundstück; Ottohof; Brigittabrücke; St. Magdalenenspital

1917: Entwurf für ein Miethaus; *Wien nach dem Kriege;* Eisenbahnbrücke über die Schönbrunnerallee; *Über Architektenkammern;* Friedenskirche; Haus des Kindes; Franz Josefs-Denkmal, Ausbau der Hofburg; Waldschule im Wienerwald; Künstlerhof

1922: *Einige Skizzen, Projekte und ausgeführte Bauten, Band IV, posthum*

Otto Wagner und danach

Das Zeichnen, das man mit einem anderen Wort auch Entwerfen nennt, ist Quell und Inbegriff der Malerei, der Bildhauerei, der Baukunst und jeder anderen Art des Malens. Es ist die Wurzel jeder Wissenschaft. Wer diese große Kunst beherrscht, möge erkennen, daß ihm eine unvergleichliche Macht untertan ist.

Michelangelo

Für die Ausstellung »Die Kunst des Otto Wagner« an der Akademie der bildenden Künste in Wien im Jahr 1984 wurden 400 Original-Zeichnungen des Meisters, die sein künstlerisches Schaffen und seine Arbeitsweise sichtbar machen, zusammengestellt.

Als Anhang wurden parallel Originalblätter österreichischer Architekten von heute präsentiert – nicht um Vergleiche anzustellen, sondern um den Stellenwert der heutigen Architekturzeichnung zu orten. Gemeint ist jene Zeichnung, die als Mithilfe für die kreative Leistung den Planungsprozeß eines Architekten begleitet und nicht jene L'art pour l'art-Erzeugnisse, die aufwendig und wirkungsvoll für Architekturpublikationen oder Architekturmuseen hergestellt werden.

Die Auswahl der gezeigten Zeichnungen ist willkürlich, hat aber doch Methode: Zusammengestellt wurden Originalblätter von Architektenpersönlichkeiten, die den künstlerischen Stellenwert in ihren Arbeiten betonen und denen die Kreativität und Architektur vorrangiges Anliegen ist:

Raimund Abraham, Alessandro Alverà, Othmar Barth, Luigi Blau, Coop Himmelblau, Franco Fonatti, Hausrucker & Co, Hans Hollein, Wilhelm Holzbauer, Karla Kowalski & Michael Szyszkowitz, Manfred Kovatsch, Rob Krier, Krischanitz & Kapfinger, Friedrich Kurrent, Gustav Peichl, Timo Penttilä, Walter Pichler, Boris Podrecca, Roland Rainer, Johannes Spalt, Heinz Tesar, Gunther Wawrik

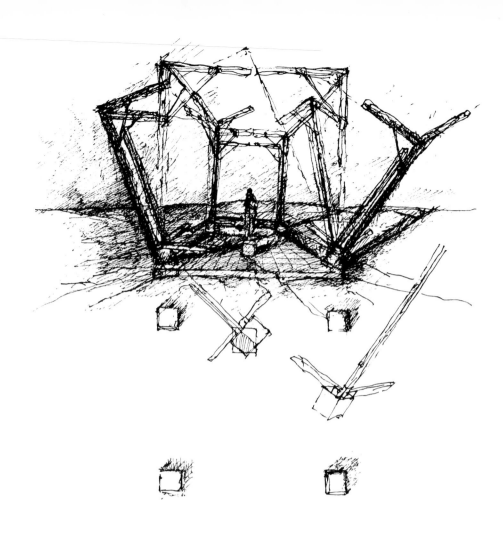

RAIMUND ABRAHAM, Haus für Euclid, 1983

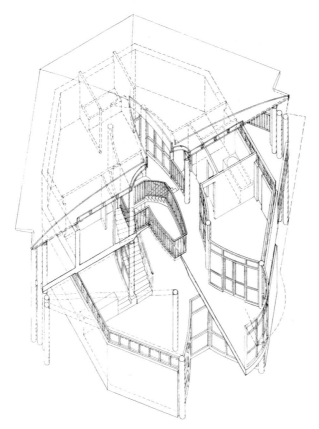

ALESSANDRO ALVERÀ, Entwurf Haus »D«, 1982

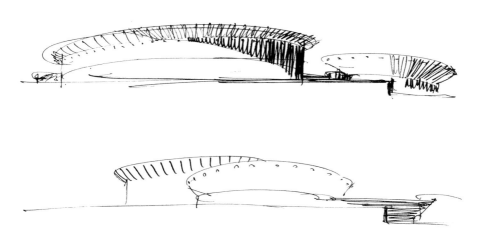

OTHMAR BARTH, Kirche Haslach bei Bozen, 1980

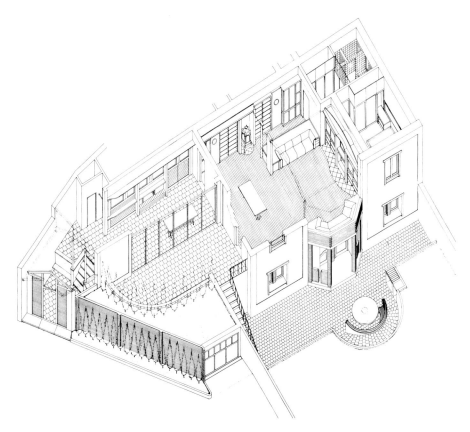

LUIGI BLAU, Haus Manfred Bene, Waidhofen/Ybbs, Zu- und Umbau, 1981

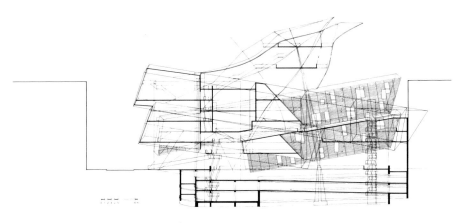

COOP HIMMELBLAU, Wohnhausanlage Wien II, 1983

FRANCO FONATTI, Entwurfsskizze für ein Kino, Hauptansicht, 1980

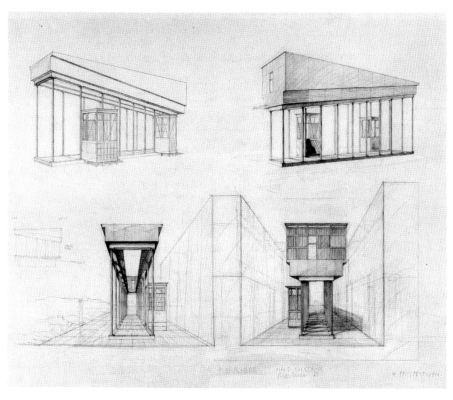

HAUSRUCKER & CO, »Korridor«, Perspektiven, 1981

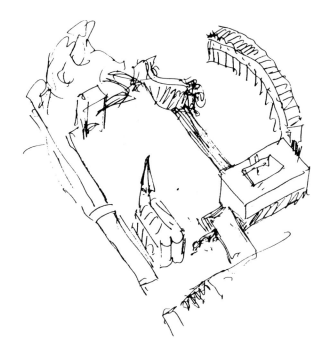

HANS HOLLEIN, Kulturforum Kemperplatz, Berlin, 1983

WILHELM HOLZBAUER, IBM Büro- und Schulungsgebäude am Donaukanal in Wien, Studie, 1981

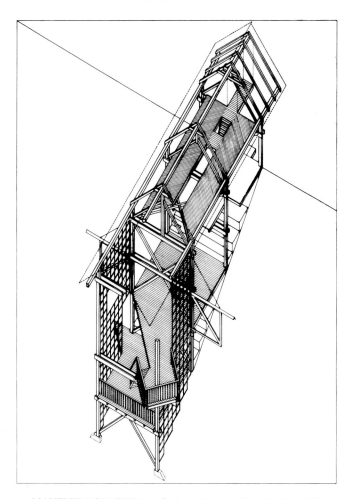

MANFRED KOVATSCH, Atelierhaus über dem Ossiacher See, 1975

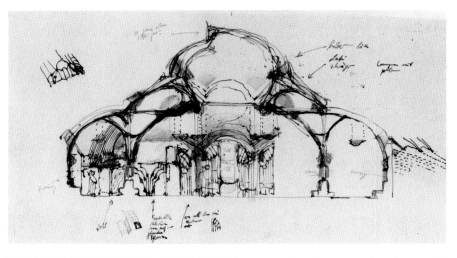

KARLA KOWALSKI & MICHAEL SZYSZKOWITZ, Innenraumskizze, Pfarrzentrum Graz-Ragnitz, 1983

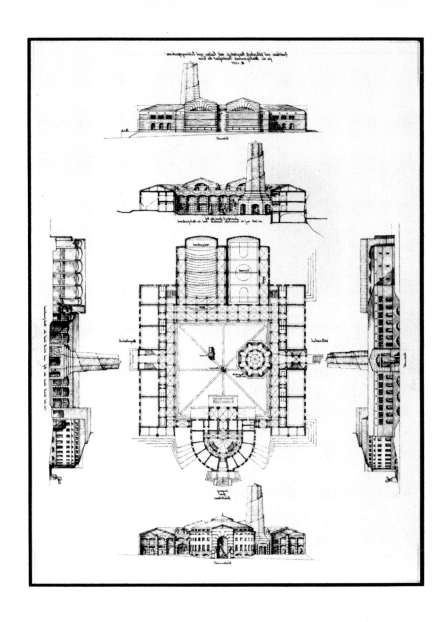

ROB KRIER, Amtshaus und Bildungszentrum Breitenfurt bei Wien, 1982

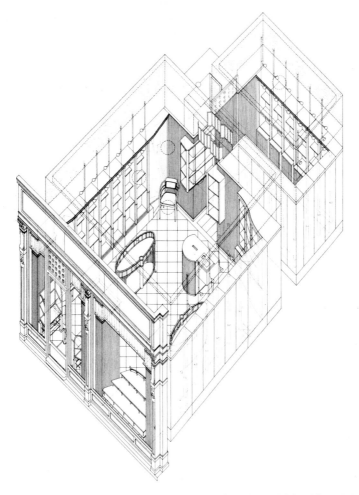

KRISCHANITZ & KAPFINGER, Lederwarengeschäft »DELARUE«, Wien, 1984

FRIEDRICH KURRENT, Hotel Gartenbaugründe Wien, 1980

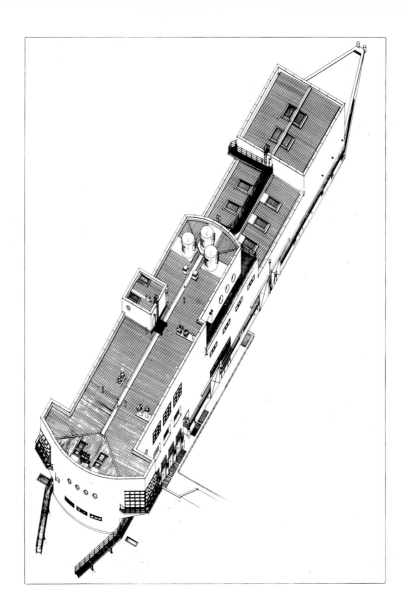

GUSTAV PEICHL, Phosphateliminationsanlage, Berlin, 1984

TIMO PENTTILÄ, Zentrum La Defense, Paris, 1982

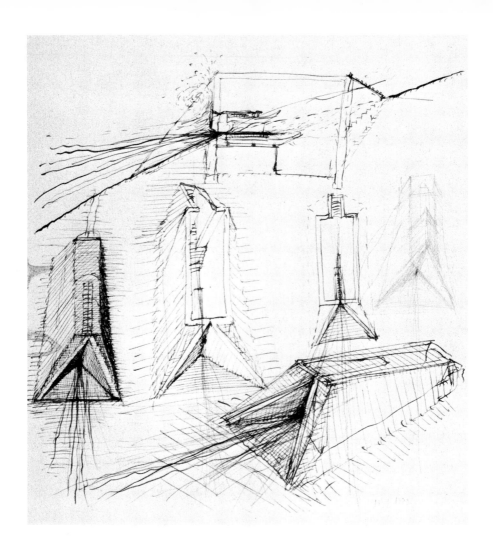

WALTER PICHLER, Haus für die Orgelpfeife, 1979

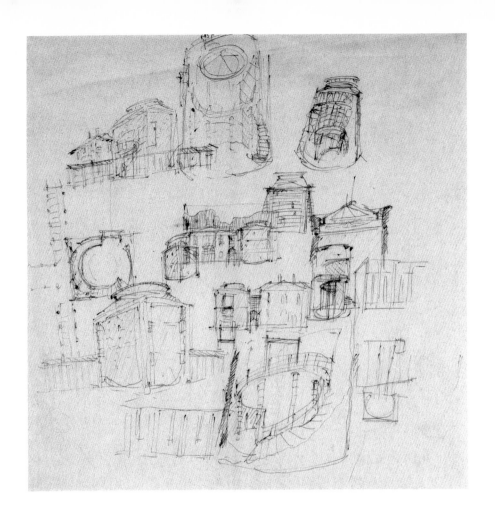

BORIS PODRECCA, Skizzen zu Haus Z., 1983

ROLAND RAINER, Ideenskizze Wohnbebauung Linz-Ebelsberg, 1981

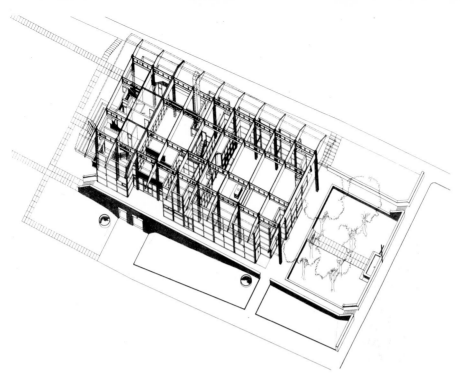

JOHANNES SPALT, Kirche Salvator am Wienerfeld, 1976

HEINZ TESAR, Klösterliareal Bern, 1981

GUNTHER WAWRIK, Bundesamtsgebäude Singerstraße, Wien, 1982

Redaktion und Gestaltung: August Sarnitz
Gesamtredaktion und -herstellung: Dietrich M. Hoeppner

© 1984/X
🅐🅑 Architektur- und Baufachverlag, Wien
Gesamtproduktion: Salzer - Ueberreuter, Wien

ISBN 3-85441-009-3